Jürg Meier

Der Sieg des Sitzfleisches über das Gehirn –

Total Quality Management im Sitzungswesen

Jürg Meier

Der Sieg des Sitzfleisches über das Gehirn

Total Quality Management im Sitzungswesen

Meier, Jürg

Der Sieg des Sitzfleisches über das Gehirn - Total Quality
Management im Sitzungswesen.

Jürg Meier. – 1. Aufl. – Books on Demand, Norderstedt 2011

ISBN 978-3-8423-6901-6
Herstellung und Verlag:
Books on Demand GmbH, Norderstedt

Die Deutsche Nationalbibliothek verzeichnet diese Publikation in
der Deutschen Nationalbibliografie; detaillierte bibliografische
Daten sind im Internet über dnb.d-nb.de abrufbar.

Cover-Gestaltung und -Illustration: Bettina Kumpe,
Braunschweig, Deutschland; www.bettinakumpe.de

www.jumeba – *IHR ERFOLG IST UNSER ZIEL!*

Inhalt

Zu diesem Buch

V

„Das Leben ist zu kurz, um es in langen Besprechungen zu verschwenden."

(Klaus Klages)

Die Wirklichkeit ist schlimmer, als wir uns ausmalen können. Hier ein paar unangenehme Wahrheiten:

- Führungskräfte verbringen bis zu 50 Prozent ihrer Arbeitszeit in Sitzungen.
- 49 Prozent aller Sitzungen könnten um die Hälfte gekürzt werden.
- 32 Prozent aller Sitzungen sind ungenügend vorbereitet.
- 31 Prozent aller Sitzungen enden ohne konkrete Ergebnisse.
- 26 Prozent aller Sitzungen haben keine klare Zielsetzung.
- 20 Prozent aller Sitzungen sind völlig überflüssig.
- In jeder Sitzungsstunde wird nur 36 Minuten themenbezogen kommuniziert.

Geben Ihnen diese Feststellungen nicht auch zu denken?

Auf der folgenden Seite (Tab. 1.1) finden Sie das erschütternde Bild gegenwärtiger Sitzungskultur. Es sind dies Ergebnisse von Umfragen, die ich in meinen Führungskursen erhoben habe und laufend weiter erhebe. Die Trends bestätigen sich von Kurs zu Kurs.

11

Zu diesem Buch

Tab. 1: Sandortbestimmung Sitzungen

Nr.	Frage	Ja	Nein
1. PLANUNG			
1.1.	Die Sitzung hat eine klare Zielsetzung.	26	74
1.2.	Eine Traktandenliste ist vorhanden.	45	55
1.3.	Die einzelnen Besprechungspunkte sind mit einer Besprechungszeit versehen.	37	64
1.4.	Die benötigten Unterlagen sind rechtzeitig vor der Sitzung verteilt.	42	58
1.5.	Die benötigten Unterstützungsfunktionen sind benannt.	10	90
2. DURCHFÜHRUNG			
2.1.	Die Teilnehmer sind schlecht vorbereitet.	68	32
2.2.	Es wird vom Thema abgewichen.	73	27
2.3.	Mehrere Teilnehmer reden gleichzeitig.	68	32
2.4.	Wichtige und unwichtige Fragen nehmen gleich viel Zeit in Anspruch.	66	34
2.5.	Es reden (und schweigen) immer dieselben Teilnehmer.	60	40
2.6.	Die Sitzung beginnt zu spät.	47	53
2.7.	Die Sitzung endet zu spät.	74	26
2.8.	Es sitzen zu viele Teilnehmer in der Sitzung.	78	22
2.9.	Es sitzen die falschen Teilnehmer in der Sitzung.	30	70
2.10.	Viele Teilnehmer wagen es nicht, offen ihre Meinung zu sagen.	62	38
2.11.	Wichtige Unterlagen und Informationen, zu denen man Stellung nehmen soll, werden oft erst in der Sitzung ausgeteilt.	78	22
2.12.	Nach der Sitzung weiß man nicht, wer was bis wann zu tun hat.	57	43
2.13.	Es gibt weder ein Ergebnis- noch ein Entscheidungsprotokoll.	57	43
2.14.	Es geht in der Sitzung unkonstruktiv zu (Streitereien, Suche nach Schuldigen, aggressive Untertöne usw.)	14	86

Die Kostenfrage

Die mit ineffizienten Sitzungen verschwendete Arbeitszeit kostet Unsummen. Sitzungskosten lassen sich wie folgt sehr einfach berechnen:

$K_{(osten)} = P_{(ersonenzahl)} \times Z_{(eitdauer)} \times L_{(ohn pro Stunde)}$

Fünf Geschäftsleitungsmitglieder (P = 5) sitzen während zehn Stunden (Z = 10) monatlich zusammen, um Wichtiges zu besprechen. Bei einem durchschnittlichen Stundenlohn von (L = € 200.00, was für Topführungskräfte nicht unbescheiden ist) ergeben sich Sitzungskosten von:

$K_{osten} = 5 \times 10 \times 200.00 = € 10'000.00$

Auf ein Jahr hochgerechnet ergibt dies € 120'000. Eine stolze Zahl, wenn wir bedenken, dass die Vorgaben für dieses kleine Rechenbeispiel nicht zu hoch gegriffen sind. Glauben wir den Umfragen, wonach 20 Prozent aller Sitzungen ersatzlos gestrichen werden könnten, liessen sich im obigen Beispiel bereits durch diese Massnahme jährlich € 24'000.00 sparen. Ist es nicht allein schon deshalb sinnvoll, dass wir uns vertieft mit Sitzungsmanagement beschäftigen?

Zu diesem Buch

Angesprochen auf dieses Beispiel von Ineffizienz meinte ein Unternehmensleiter allerdings lapidar: *„Was wollen Sie eigentlich – die Leute sind ja eh da"*...

Auch wenn es ein Menschenrecht ist, eine andere Meinung zu haben: Wer die Dinge so sieht, sollte dieses Buch vielleicht besser zur Seite legen.

Es gibt kaum ein Gebiet, wo man auf einfachere Weise Geld sparen oder hinauswerfen kann. Ebenso gibt es kaum ein Unternehmen, das hier nicht noch Geld sparen könnte.

Grund genug also, das Thema Sitzungswesen unter dem Blickwinkel von Total Quality Management zu analysieren und zu verbessern.

Dieses Buch hilft Ihnen dabei.

4148 Pfeffingen, im Juli 2011   *Jürg Meier*

Es bedeuten:

       Beispiel aus dem Leben

       Merksatz

       Tipp

Zu diesem Buch

V

Mein Onkel Jacques Ittensohn machte sich als Kadermitarbeiter sehr unbeliebt, als er zwei Generaldirektoren der heute grössten Schweizer Bank, die sich während einer Sitzung in Privatgesprächen ergingen, mit dem Satz: *„ Messieurs, ici on travaille!"* (*„ Meine Herren, hier wird gearbeitet!"*) zurechtwies. Nun, er hat die Episode überlebt und liess es sich nicht nehmen, dieses Buchprojekt mit einem finanziellen Beitrag zu unterstützen. Seine Lebenserinnerungen[1] kann ich übrigens wärmstens empfehlen.

Auch der Beratungsgesellschaft für die zweite Säule AG in Basel (www.berag.ch) danke ich für einen finanziellen Beitrag. Sie „sorgt für Ihre Vorsorge", mit individuellen und umfassenden Lösungen rund um die berufliche Vorsorge in der Schweiz und im Fürstentum Liechtenstein. Sitzungen zu diesem Themenbereich können Sie sich weitgehend sparen, wenn Sie auf die Kompetenz der „Berag" zurückgreifen.

Bettina Kumpe aus Braunschweig danke ich für die treffende Gestaltung und Illustration der Titelseite. Sie hat den Inhalt packend verpackt.

Neulich habe ich dank und mit meiner Frau Ulrike den ersten Volkstriathlon geschwommen, geradelt und gelaufen. Von alleine wäre ich wohl nie auf die Idee gekommen, mein Sitzfleisch auf diese Art zu schonen. Dass sie grossartig ist, habe ich aber immer schon gewusst. DIR einmal mehr: DANKE für alles!

---

[1] Ittensohn, Jacques: Schweizer Bankiers lächeln nie – Lebenserinnerungen eines Finanzanalytikers. Norderstedt: Books on Demand, 2007.

Sitzungsmanagement als Prozess

Was ist eine Sitzung?

Die folgende Aussage enthält alles, was eine Sitzung aus-
macht:

Von einer Sitzung sprechen wir, wenn mehr als zwei Personen an einem vorab festgelegten Zeitpunkt zu einem definierten Thema mit einer vorgängig klar kommunizierten Zielsetzung in einem Raum für eine gewisse Zeitdauer zusammensitzen und miteinander kommunizierend Ergebnisse produzieren.

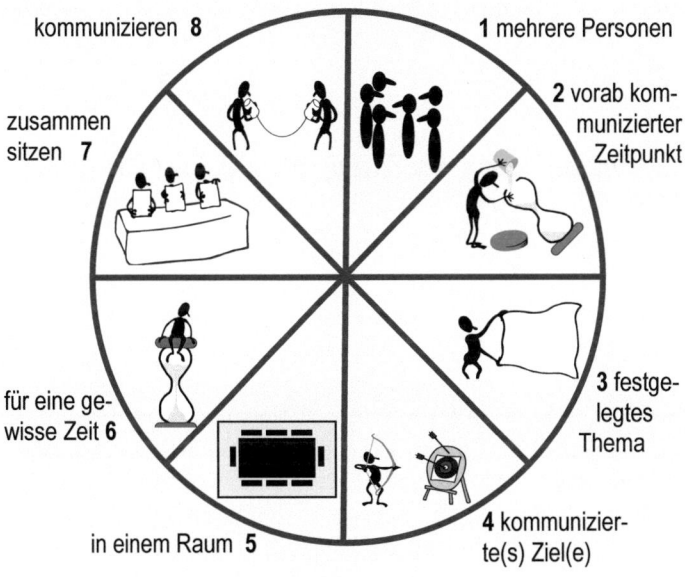

Bild 1.1　　Das Wesen der Sitzung

1 Sitzungsmanagement als Prozess

Heute sind im deutschsprachigen Raum weitere Begriffe für Sitzung gebräuchlich:

Besprechung, Konferenz, Meeting, Tagung, Versammlung.

Wenn also in diesem Buch von Sitzung gesprochen wird, gelten die Ausführungen auch für diese und allfällige weitere Bezeichnungen für die hier angesprochene spezielle Kommunikationsart.

Wenn wir von TQM (Total Quality Management) im Sitzungswesen sprechen, geht es darum, das Thema Sitzung gemäss Tabelle 1.1 als Prozess zu begreifen.

Auch im Sitzungsmanagement macht eine gute Vorbereitung neunzig Prozent des Erfolges aus. Der Sitzungsvorbereitung ist Kapitel 2 gewidmet.

Die Durchführung der Sitzung behandelt Kapitel 3.

Die Nachbereitung der Sitzung hat ebenfalls ihre Tücken. Eine für TQM im Sitzungswesen eminent wichtige Phase ist die Überprüfung des ganzen Sitzungsablaufes auf einer Metaebene(Kapitel 4).

Der Überprüfung schliesst sich eine Phase der Anpassung und Verbesserung an. Nur wenn aus der Praxis Lehren gezogen und diese auch bei neuen Sitzungen umgesetzt werden, gelingt eine permanente Verbesserung. Besonders in grossen, lang dauernden Konferenzen ist das tagelange Herumsitzen Aufmerksamkeits- und Motivationskiller. Solche Anlässe laden dazu ein, vor sich hindösend den eigenen Tagträumen nachzuhängen. Damit dies nicht geschieht sind Vorkehrungen zu treffen (Kapitel 5).

Schliesslich finden Sie Checklisten zu verschiedenen Phasen des Sitzungsablaufs (Anhang).

1

Sitzungsmanagement als Prozess

Tab. 1.1 Prozess Sitzungsmanagement

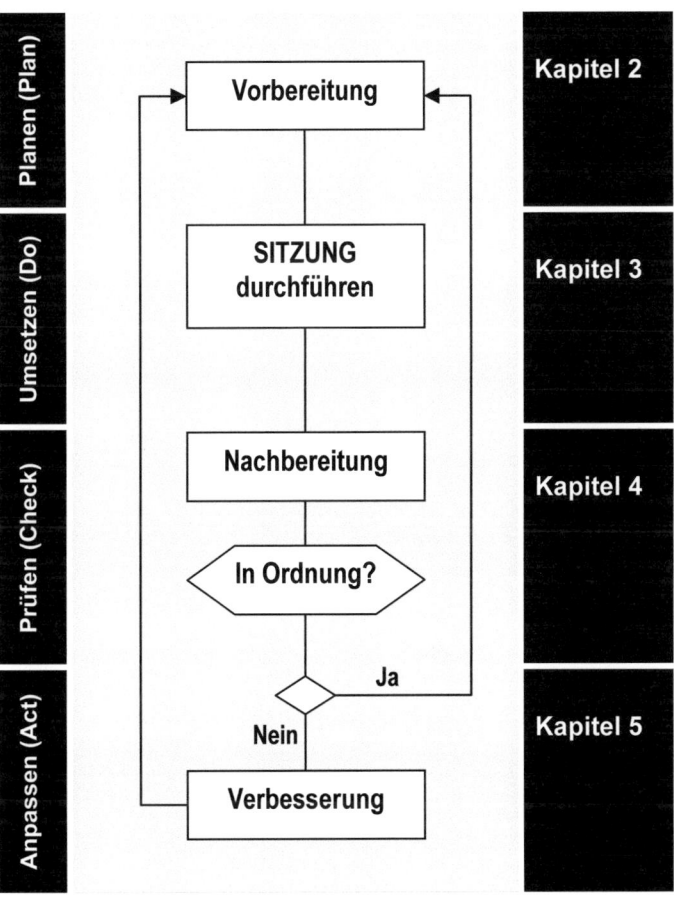

Sitzungen planen
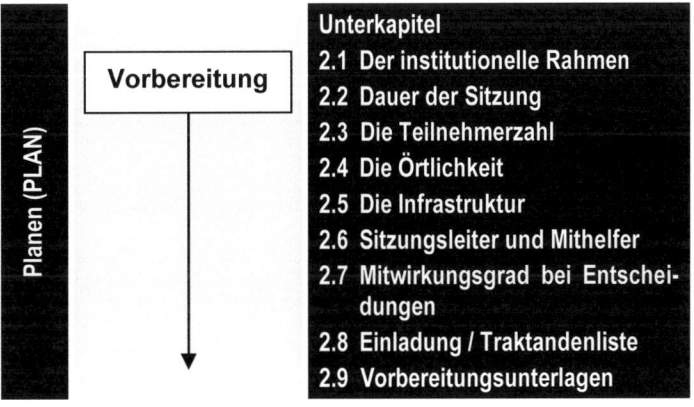

Gegner der Planung sind Freunde des Zufalls.

(Manfred Rommel)

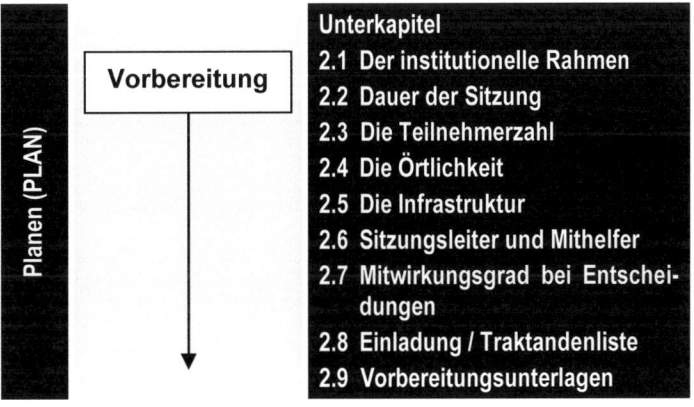

Planen (PLAN)

| Vorbereitung |

Unterkapitel

2.1 Der institutionelle Rahmen

2.2 Dauer der Sitzung

2.3 Die Teilnehmerzahl

2.4 Die Örtlichkeit

2.5 Die Infrastruktur

2.6 Sitzungsleiter und Mithelfer

2.7 Mitwirkungsgrad bei Entscheidungen

2.8 Einladung / Traktandenliste

2.9 Vorbereitungsunterlagen

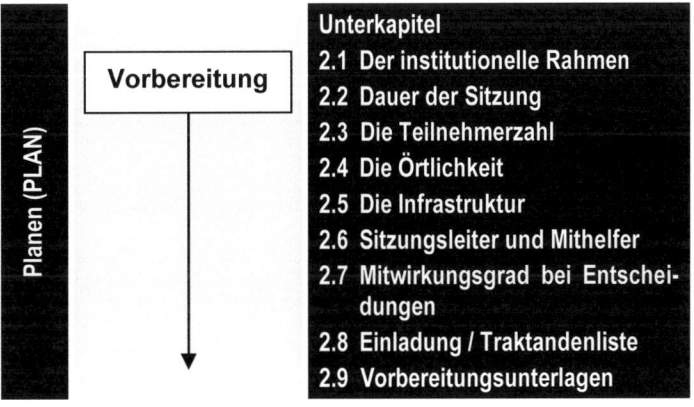

Sitzungen planen **2**

2.1 Der institutionelle Rahmen

Eine wöchentliche Teamsitzung unterliegt anderen Rahmenbedingungen wie die Aufsichts- oder Verwaltungsratssitzung eines multinationalen Konzerns. Entsprechend unterschiedlich sind die gesetzlichen bzw. statutarischen Festlegungen, die beachtet werden müssen. Als Sitzungsleiter sind sie dafür verantwortlich, dass keine Formfehler gemacht werden.

Vergewissern Sie sich stets, welche Rahmenbedingungen zu beachten sind.

In der Schweiz findet man rechtliche Vorgaben für Vereine im Zivilgesetzbuch (ZGB) und für Kapitalgesellschaften im Obligationenrecht (OR). Für Deutschland sei das Aktiengesetz erwähnt. Kapitalgesellschaften verfügen meist über ein Organisations- oder Geschäftsführungsreglement mit entsprechenden Hinweisen. Als Sitzungsleiter werden sie diese wichtigen Unterlagen stets verfügbar halten.

An einer Universität sollte eine verdiente Persönlichkeit mit der Ehrendoktorwürde ausgezeichnet werden. Nachdem alle Abklärungen getroffen waren, wurde in der Fakultätssitzung abgestimmt. Diese Abstimmung „platzte", weil das Quorum nicht erreicht wurde. Der verantwortliche Dekan hatte nicht dafür gesorgt, dass die notwendige Mindestzahl stimmberechtigter Fakultätsmitglieder der Sitzung beiwohnte. Das Geschäft verzögerte sich wegen dieses Formfehlers um ein ganzes Jahr...

2 Sitzungen planen

Die Rahmenbedingungen haben auch einen Einfluss auf die Ausgestaltung des Sitzungsprotokolls. Je formaler die Sitzung, desto formaler in der Regel auch die Vorgaben, denen das Protokoll genügen muss.

2.2 Dauer der Sitzung

Es sind folgende Arten von Besprechungen zu unterscheiden:

- Tagungen (ein- bis mehrtägige Besprechungen)
- Mehrstündige Sitzungen (maximal ein Halbtag)
- Kurze Sitzungen (maximal eine Stunde)
- Informationsrunden

Die Tagung

Tagungen sind Besprechungen, die länger als einen halben Tag dauern. Führt man solche Sitzungen konventionell durch, nimmt die Aufmerksamkeit der Teilnehmer und damit die Effizienz über die Dauer der Sitzung beinahe exponentiell ab (Bild 2.1).

Wer nicht will, dass sich die Teilnehmer mit zunehmender Tagungsdauer ausklinken und ihren Tagträumen nachhängen, muss solche Tagungen kreativ gestalten.

Sitzungen planen **2**

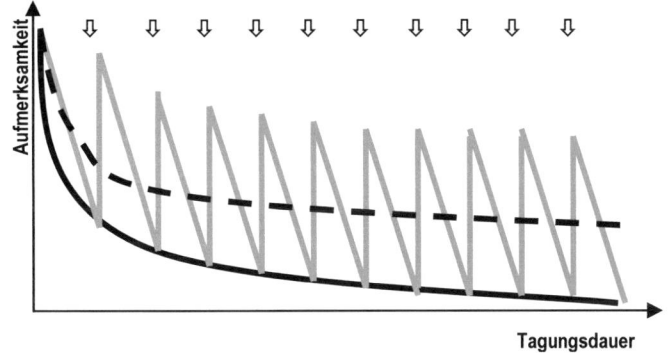

Bild 2.1 Entwicklung der Aufmerksamkeit der Teilnehmer bei einer konventionell (schwarze Linie) und einer kreativ (graue Linie; resultierende Aufmerksamkeit, gestrichelte Linie) durchgeführten Sitzung. ⇩= Methodenwechsel

Durch geeignete Methodenwahl kann die Tagung abwechslungsreich gestaltet werden. Jede Änderung im Sitzungsablauf erhöht die Aufmerksamkeit der Teilnehmenden (wieder) und führt zu einem massiv verbesserten Tagungserfolg.

Gut geführte Sitzungen zeichnen sich auch dadurch aus:

Spätestens nach 60 Minuten wird eine fünfminütige Kurzpause („Pinkel-Pause") eingelegt.

Sitzungen planen

Die mehrstündige Sitzung

Sitzungen, die länger als eine Stunde und nicht länger als einen halben Tag dauern, verlaufen ähnlich wie konventionelle Tagungen, falls man sie nicht kreativ gestaltet (vgl. Bild 2.1).

Die kurze Sitzung

Sitzungen bis maximal eine Stunde Dauer können konventionell, d.h. an einem Tisch oder im Rund sitzend, abgehalten werden.

Die Informationsrunde

Kleinen Arbeitsgruppen sei die nachstehend beschriebene wöchentliche (oder vierzehntägliche) Informationsrunde sehr empfohlen. Hierbei kann es sich um eine auf einfache Weise strukturierte Pausenbesprechung handeln.

Jeder Teilnehmer nimmt rückblickend (Fragen 1 und 2) und ausblickend (Fragen 3 und 4) kurz Stellung (Bild 2.2):

1. Was habe ich mir im zurückliegenden Zeitabschnitt vorgenommen?

2. Was habe ich dabei erreicht? (Was war gut? Was war weniger gut?)

3. Was nehme ich mir im kommenden Zeitabschnitt konkret vor?

4. Könnte mir hierbei Frau/Herr ... helfen?

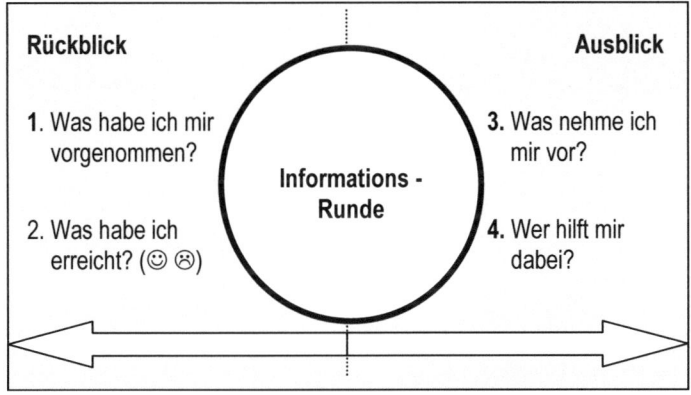

Bild 2.2 Die Informationsrunde, ein einfaches Informationsinstrument

Selbstverständlich lassen sich solche Informationsrunden beliebig an die konkreten Bedürfnisse anpassen. Wo dies sinnvoll ist, sollen auch hier Sofortprotokolle (Checkliste, Seite 133) erstellt werden.

Bild 2.3 zeigt das Sofortprotokoll einer wöchentlichen Informationsrunde der Operationsabteilung in einem Schweizer Krankenhaus. Da niemals das ganze Operationsteam an dieser Informationsrunde teilnehmen kann, liegen diese Protokolle im Aufenthaltsraum der Operationsabteilung auf. Jeder Mitarbeitende nutzt so die Möglichkeit, sich auch individuell zu informieren.

Sitzungen planen

OP – PROGRAMM WOCHENRÜCKBLICK	
WOCHE:	35 (23/08 – 30/08/04)
BESONDERES:	✓ wenig NF-Eingriffe (total 7) ✓ Nachmeldungen (total 3) ✓ zwei grosse Gefässoperation (Lei) ✓
ABWESEND:	✓ Dr. L■■■ (Ferien) ✓ Dr. A■■■(Ferien) ✓
ANWESEND:	✓ alle Belegärzte
ALLGEMEIN:	✓ reguläres Wochenprogramm konnte eingehalten werden
TENDENZ:	✓ Programmgrösse nach Sommerpause zunehmend
POSITIVES:	✓ Schnittzeiten wurden eingehalten (1 x 20 Min. Verspätung / Gefäss)
NEGATIVES:	✓ überladenes Gynäkologieprogramm, wurde vom Oberarzt spontan gekürzt
WOCHEN – BILANZ:	✓ gutes Arbeitspensum ohne schwerwiegende Vorkommnisse
	Ops-Koordination/ P. S■■■/ 01/09/2004

Bild 2.3 Sofortprotokoll der Informationsrunde in der Operationsabteilung eines Schweizer Krankenhauses

2.3 Die Teilnehmerzahl

Es stellt sich immer wieder die Frage, welches Ziel mit einer Sitzung erreicht werden soll. Geht es um reine Informationsveranstaltungen, kann man problemlos ein Auditorium mit mehreren hundert Teilnehmern füllen und diese frontal mit den beabsichtigten Informationen berieseln. Besprechungen, die dem Meinungsaustausch der Beteiligten dienen, Diskussion und echte Kommunikation erfordern, lassen sich jedoch nur mit einer sehr begrenzten Zahl von Teilnehmern erreichen.

Eine ideale Gruppengrösse für Sitzungen liegt bei acht bis zehn, maximal zwölf Teilnehmern

Kann man von einem homogenen Teilnehmerkreis mit weitgehend übereinstimmenden Auffassungen, Meinungen und Interessen zum Thema ausgehen, kann eine Besprechung mit bis zu achtzehn Teilnehmern auch noch erfolgreich gestaltet werden.

Sind, etwa bei international tätigen Organisationen, grössere Tagungen unvermeidlich, sollten mindestens dreissig Prozent des Anlasses in Untergruppen von acht bis zehn Teilnehmern verbracht werden. Das stellt die Organisation zwar vor Herausforderungen, sichert aber den nachhaltigen Erfolg der Veranstaltung.

2 Sitzungen planen

Auswahl der Teilnehmer

Teilnehmer sollten wie folgt ausgewählt werden:

1. **Es nimmt teil, wer zum Thema Entscheidungsbefugnis hat.**

2. **Es nimmt teil, wer zu allfällig getroffenen Beschlüssen die unmittelbare Umsetzungsverantwortung trägt.**

3. **Es nimmt (gegebenenfalls zu bestimmten Tagesordnungspunkten) teil, wer besonderes Sachwissen einbringen kann.**

Nicht teilnehmen sollen Personen, die zu den unter 1. und 2. genannten verantwortlichen Entscheidungsträgern in einem direkten Abhängigkeitsverhältnis stehen.

Besonders wenn die Entscheidungsträger von einer unterschiedlichen Zahl hierarchisch direkt nachgeordneter Mitarbeiter umgeben sind, kann ihre Meinungsäusserung im Gremium ein falsches Gewicht erfahren. Noch schwieriger wird es, wenn alle Teilnehmer in solchen Fällen – unabhängig von ihrer hierarchischen Stellung – über Sitz und Stimme verfügen. Damit können Abstimmungen zu völlig verfälschten, den Zielen und Interessen der Organisation nicht dienlichen Ergebnissen führen. Diese Problematik ist in Schillers Drama Wallenstein's Tod mit dem Satz *„Ich habe hier bloss ein Amt und keine Meinung"* sehr schön umschrieben.

2.4 Die Örtlichkeit (Checkliste CL 1, Seite 131)

Der Raum, in dem die Sitzung stattfindet, soll hinreichend gross, hell und gut belüftet sein.

Art und Grösse der Sitzungstische richten sich nach der Anzahl Teilnehmer (Bild 2.5 a-e). Es soll darauf geachtet werden, dass der Sitzungsleiter stets alle Teilnehmer „im Auge hat".

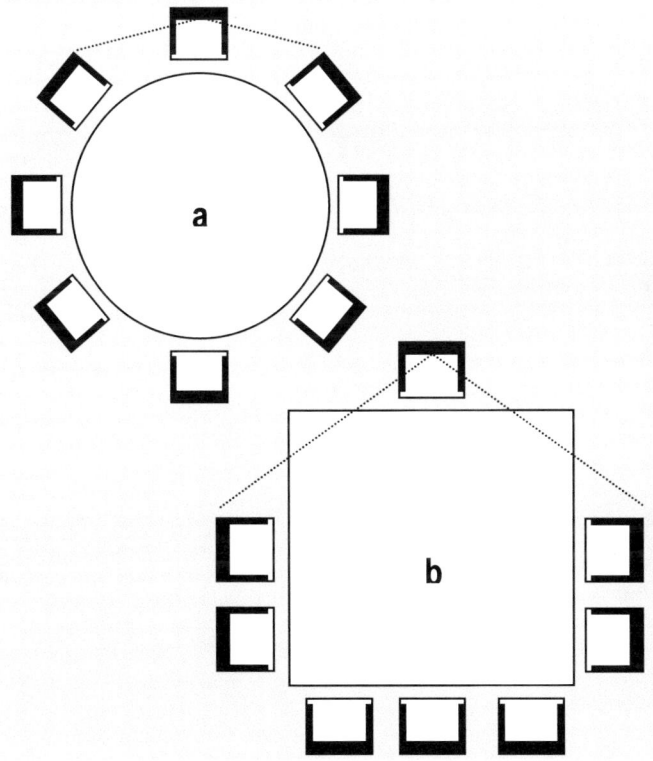

Bild 2.5 Der runde Tisch – die ideale Anordnung für kleine Gruppen (**a**). Beim eckigen Tisch muss Platz vorhanden sein, damit der Sitzungsleiter alle Teilnehmer im Blick hat (**b**)

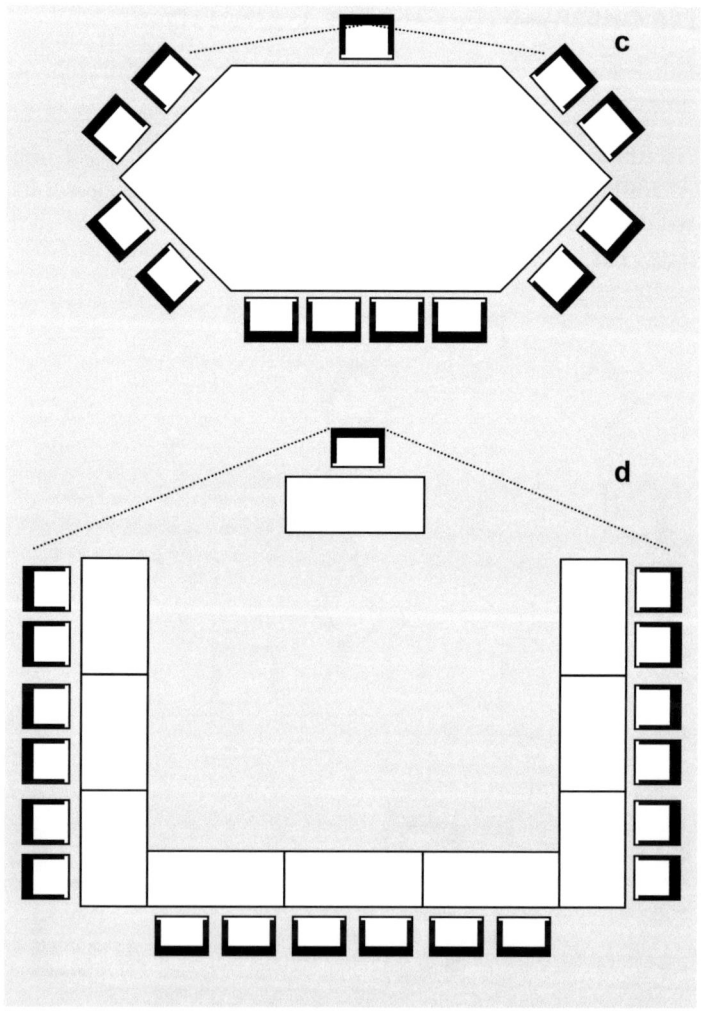

Bild 2.5 Der sechseckige Tisch – ebenfalls eine ideale Anordnung (**c**).
Der u-förmige Tisch eignet sich für grössere Gruppen (**d**)

e

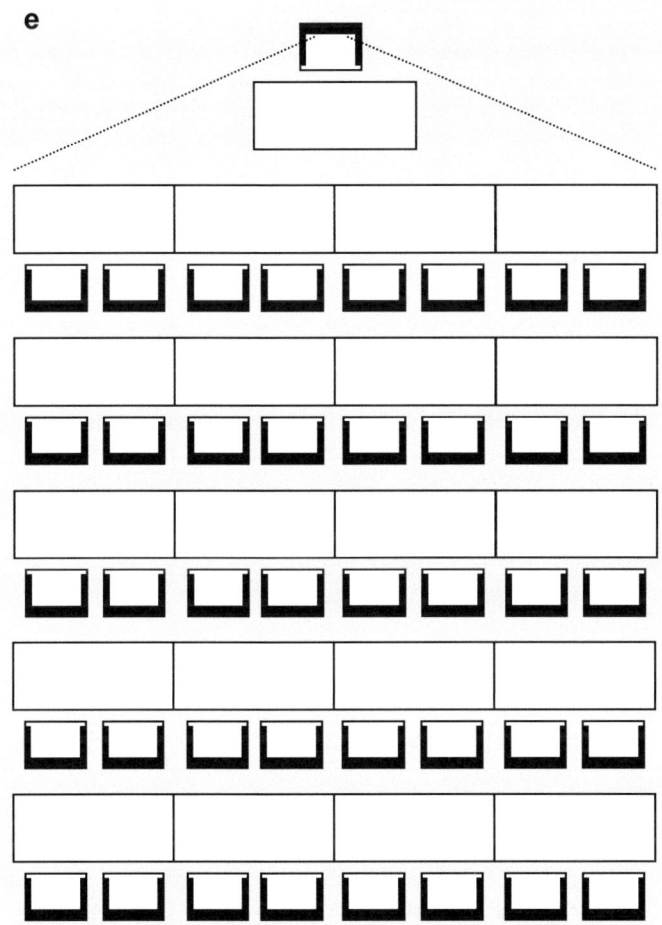

Bild 2.5 Die Sitzanordnung wie in der Schulklasse eignet sich nur für den „Frontalunterricht", beispielsweise bei reinen Informationsveranstaltungen (**e**)

2.5 Die Infrastruktur

Getränke und Snacks

Sitzungen sind – vor allem wenn sie länger dauern – nicht gesundheitsförderlich. Gutmeinende Organisatoren pflegen das harte Los der Sitzungsteilnehmer dadurch zu lindern, dass sie den Sitzungstisch mit Mineralwasser und Knabberware (salzig oder süss – oder noch schlimmer: salzig und süss) dekorieren. Meine Erfahrungen zeigen, dass sich Sitzungen spätestens dann zu Ende neigen, wenn alle Knabberware „weggefressen" ist.

Da der Bauchumfang nicht parallel zu der in Sitzungen verbrachten Zeit wachsen soll (was er bei mir tut…), heisst die beste gesundheitsfördernde Massnahme der Sitzungsvorbereitung deshalb:

 Mineralwasser JA – Knabberware NEIN

Medien

Die meisten Menschen sind „Augentypen". Bilder werden in der Regel eindeutiger wahrgenommen als das gehörte Wort. Zudem machen Bilder die Anwesenden aufmerksamer und beugen Missverständnissen vor. Schliesslich verflüchtigt sich das „Gesehene" nicht so rasch wie das gesprochene Wort.

 Wer nicht nur hört, sondern gleichzeitig auch sieht, behält wesentlich mehr.

Sitzungen planen

Für eine gute Sitzungskultur sind nachstehend beschriebenen Medien deshalb sehr hilfreich.

Flipchart

Die Flipchart (Bild 2.6 a) ist ein überdimensionierter Notizblock (~70 x 100 cm), der auf einem Gestell befestigt ist. Die Flipchart hat den Vorteil, dass die beschriebenen Blätter abgetrennt und an die Wand geheftet werden können. Damit bleiben Zusammenhänge und Ergebnisse während der Besprechung „vor Augen". Mit der Flipchart können vorbereitete Texte und Grafiken präsentiert werden.

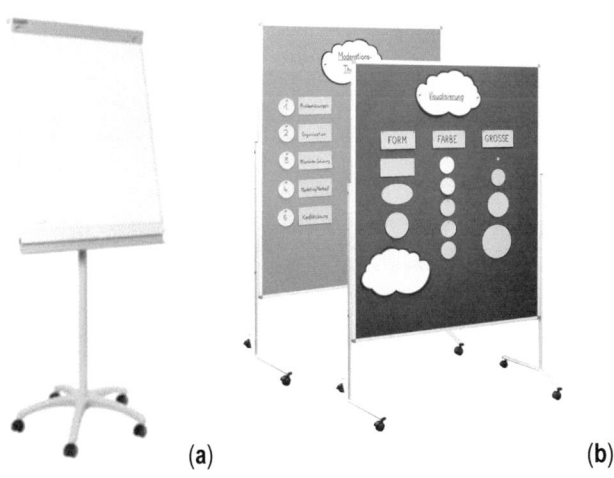

(a)   (b)

Bild 2.6   Flipchart (a) und Pinnwände (b)

Sitzungen planen

Sie dient auch dazu, Fragen und Ergebnisse festzuhalten, Ideen zu entwickeln oder Zusammenhänge zu visualisieren. Da heute jedes Mobiltelefon über eine Digitalkamera verfügt, können Flipchart auch leicht fotografiert werden, ohne dass die grossen Blätter die Sitzung „überleben" müssen.

Pinnwand [2]

Pinnwände (Bild 2.6 b) dienen dem Anheften von Karten, die beispielsweise zuvor von den Teilnehmern beschrieben worden sind. Diese Kartenabfragetechnik ist leicht erlernbar und steigert die Effizienz im Rahmen eines Brainstormings sehr. Will man zusätzlich auf die Pinnwand schreiben, kann man sie einfach mit Packpapier bedecken.

Moderatorenkoffer

Gleichgültig, ob sie einen Moderatorenkoffer (Bild 2.7) „von der Stange kaufen" oder selbst zusammenstellen: es lohnt sich, wenn sie sich nicht auf das verlassen, was sie gegebenenfalls am Ort der Sitzung vorfinden. Es ist äusserst mühsam, wenn ihnen passende Filzstifte oder Wachsstifte fehlen. Noch schlimmer ist es, wenn auf den ersten Blick alles vorhanden ist, jedoch nicht funktioniert. Ausgetrocknete Filzschreiber sind üblicherweise vorhanden, jedoch nun mal nicht gerade das, was man unter Total Quality Management versteht.

---

[2] Nach deutscher Rechtschreibung wird Pinnwand mit *zwei* n geschrieben

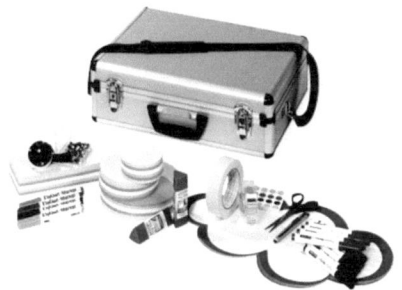

Bild 2.7   Moderatorenkoffer mit Inhalt

Auf alle Fälle sollten die folgenden Hilfsmittel verfügbar sein:

- genügend funktionstüchtige, verschiedenfarbige Filzstifte (oder Wachsstifte) unterschiedlicher Dicke

- Klebematerial (verschieden dicke Klebebänder, Klebestifte)

- eine Schere

- verschiedenfarbige Karten (rechteckig, rund, oval)

- ein Nadelkissen mit Stecknadeln

- Reisszwecke

Sitzungen planen

Hellraumprojektor

Der Hellraum- oder Overheadprojektor (Bild 2.8 a) ist ein Projektionsgerät, welches Klarsichtfolien an die (Lein-) Wand projiziert. Gegenüber der Flipchart hat der Hellraumprojektor den Vorteil, dass auch komplexere Zusammenhänge vorbereitet und einfach projiziert werden können. Nachteilig ist allerdings, dass sich die projizierten Darstellungen nur temporär an die Wand „werfen lassen".

Ursprünglich wurde der Hellraumprojektor entwickelt, damit sich der Referent, während er etwas auf der Folie entwickelt und visualisiert, nicht von den Teilnehmern abwenden muss, sondern mit diesen stets Blickkontakt halten kann. Betrachten Sie allerdings mal die Benützung von Hellraumprojektoren, werden Sie unschwer feststellen, dass die meisten Referenten in dieser Hinsicht überfordert sind, mehrheitlich gegen die Projektion gewandt reden oder zumindest alle paar Augenblicke an die Wand blicken. Mit anderen Worten: Die Evolution des Menschen ist noch nicht beim Hellraumprojektor angekommen.

Tipps zum Beschriften von Folien finden Sie in Tab. 2.1.

Bild 2.8   Hellraumprojektor (**a**) und Beamer mit Kamera (**b**)

Tabelle 2.1   Tipps zum Herstellen von Folien und für den Einsatz des Hellraumprojektors

Um den Hellraumprojektor wirkungsvoll einzusetzen, sind die folgenden Regeln und Tipps nützlich:

- Weniger ist mehr (maximal 7 Informationen pro Folie).
- Eindeutige Überschriften.
- Sachverhalt wenn immer möglich illustrieren.
- Bei Schriftfolien höchstens 7 Zeilen.
- Tabellen und Texte aus Büchern sind unvergrössert meist schlecht lesbar und sollten deshalb nicht verwendet werden.
- Wenn möglich nur Stichworte - keine langen Sätze.
- Optimale Foliengrösse: 19x22 cm.
- Querformat ist besser als Hochformat
- Schriftgrösse ist abhängig von der Entfernung der Zuschauer zur Leinwand (10-15m Abstand: Schriftgröße mindestens 10 mm). Es gilt: besser zu gross als zu klein.
- Animationen (bei Bildschirmpräsentationen) sparsam einsetzen
- TEXTE IN GROSSBUCHSTABEN SIND SCHLECHTER LESBAR.
- Vergewissern Sie sich am Anfang, ob das Bild gut ist. Wenden Sie das Gesicht nachher immer den Zuhörern zu!
- Helligkeit erweckt Aufmerksamkeit. Schalten Sie den Projektor bei Nichtgebrauch aus. Wenn viele Folien eingesetzt werden, darf keinesfalls nach jeder Folie ausgeschaltet werden!
- Zeigen Sie Hinweise mit Stift oder Zeigestab auf der Folie, nicht an der Leinwand.
- Lesen Sie die Texte auf den Folien nicht vor, sondern lassen Sie diese lesen!
- Wenn Sie schreiben, sprechen Sie nicht!

Sitzungen planen

Beamer

Der Beamer (Bild 2.8 b) erlaubt die Projektion direkt vom PC bzw. Notebook. Bildschirmpräsentationen können ohne weiteren Aufwand verwendet werden. Teure Ausführungen verfügen zusätzlich über eine Kamera, welche die direkte Projektion ab Normalpapier ermöglicht. Zu Unrecht sind Bildschirmpräsentationen ab PC in Verruf geraten. Exzessiver und unsachgemässer Gebrauch der technischen Möglichkeiten haben zum geflügelten Wort geführt: „Haben Sie Powerpoint, oder etwas zu sagen?"

Richtig angewandt sind Bildschirmpräsentationen hervorragende Hilfsmittel und richtig genutzte Animationen erleichtern durchaus das Verständnis komplexer Zusammenhänge. Ein guter Beamer mit Kamera kann den Hellraumprojektor praktisch ersetzen.

Merken Sie sich:

 Projizierte Präsentationen dienen der Unterstützung des Gesagten und dürfen nie Selbstzweck sein.

Lassen Sie sich vor allem nicht durch perfekte Darstellungen über „schwache Inhalte" hinwegtäuschen.

Aufnahmetechnik

Des grossen Arbeitsaufwandes wegen ist das so genannte Wortprotokoll etwas aus der Mode gekommen. Dabei handelt es sich um die wortgetreue Niederschrift der Redebeiträge. Nach einer Tagung kann ein solches Protokoll schon fast die Ausmasse eines Telefonbuches annehmen. Was in Parlamenten oder bei Gericht Sinn macht, ist im „normalen Geschäftsalltag" allerdings meist nicht nötig.

Hingegen erlaubt es die moderne Technik, Besprechungen und Tagungen digital aufzunehmen (Audiorecorder, Digitalkamera, Mobiltelefon) und auf Speichermedien aufzubewahren. Im Bedarfsfall können Rede- und Diskussionsbeiträge zu einem späteren Zeitpunkt wieder abgehört werden. Diese vergleichsweise kostengünstige Lösung ist dem Wortprotokoll vorzuziehen, sofern man eine wortgetreue Dokumentierung als nötig erachtet und keine ausdrückliche Verpflichtung zu einem Wortprokoll besteht.

2.6   Sitzungsleiter und Mithelfer

Der Sitzungsleiter

Zunächst ist es nicht grundsätzlich nötig, dass die hierarchisch höchstgestellte Persönlichkeit die Sitzung leitet. Jeder Mitarbeiter sollte in der Lage sein, eine Besprechung zu leiten.

2 Sitzungen planen

 Wichtig ist, dass sich der Sitzungsleiter seiner Aufgabe bewusst ist. In der traditionellen Sitzung ist meist der Chef gleichzeitig der Sitzungsleiter. Dies hat den Vorteil, dass er wegen seiner „institutionellen Autorität" – seiner Position – normalerweise problemlos akzeptiert ist.

Viele Chefs sind allerdings ausgesprochen dominant. Das kann dazu führen, dass ein echter, offener Gedankenaustausch aus psychologischen Gründen erschwert ist.

 Eine große Rolle spielt die Hierarchie beispielsweise nach wie vor im ärztlichen Bereich von Kliniken. Ist der Chefarzt in der Sitzung anwesend und nimmt zu einer Sache Stellung, kann es sein, dass alle Anwesenden zustimmend nicken und ihre abweichende Meinung für sich behalten.

Dies geschieht aus Angst, die 7. Regel von Baltasar Garcián[3] zu verletzen: „Sich vor dem Sieg über Vorgesetzte hüten (Die Fürsten mögen wohl, dass man ihnen hilft, jedoch nicht, dass man sie übertrifft)".

Will man in solchen Unternehmenskulturen feststellen, was die Leute wirklich denken, bleibt nur der Weg über vertrauliche Einzelgespräche unter vier Augen.

---

[3] Gracián, B: „Handorakel und Kunst der Weltklugheit", Zürich: Diogenes, 2006.

Leitet ein mit den übrigen Teilnehmern gleichgestellter Mitarbeiter die Sitzung, so tut er dies meist partnerschaftlich. Mehrheitlich sagen die Teilnehmer ihre Meinung offen(er). In kontroversen Diskussionen kann dem Sitzungsleiter jedoch die nötige Autorität fehlen. Ebenso ist es für den ebenfalls anwesenden Chef nicht immer einfach, sich zurückzunehmen.

Andererseits bietet die Sitzungsleitung für jeden Mitarbeiter eine grosse Chance, sich „on the job" weiterzubilden.

Unter bestimmten Umständen (komplexe Themen, Sitzungen zur Konfliktlösung, Teamentwicklungsprozesse) zieht man zur Sitzungsleitung auch einen externen Moderator bei.

Der grösste Vorteil einer externen Moderation liegt darin, dass der Moderator normalerweise von den „betriebsinternen Scheuklappen" – die sich mancherorts als eigentliche „Bretter vor dem Kopf" zeigen – befreit ist. Nachteilig kann allerdings sein, dass der externe Moderator sich der herrschenden Unternehmenskultur nicht bewusst ist und „ins Fettnäpfchen tritt".

Wie dem auch sei:

Der Sitzungsleiter sorgt in der Besprechung dafür, dass die festgelegten Ziele erreicht werden.

Sitzungen planen

Wir werden sehen, dass die Ziele, die mit den einzelnen Tagesordnungspunkten (TOPs, Traktanden) erreicht werden sollen, bereits mit der Einladung zur Sitzung (siehe 2.8) bzw. den Vorbereitungsunterlagen (siehe 2.9) festzulegen sind.

Der Zeitüberwacher

Der Zeitüberwacher sorgt dafür, dass die in der Einladung angegebenen Richtzeiten eingehalten werden. Richtzeiten sind natürlich nicht auf die Sekunde genau einzuhalten.

Zumindest sollte der Zeitüberwacher aber darauf aufmerksam machen, wenn die für einen Tagesordnungspunkt vorgegebene Richtzeit erreicht ist. Dann kann der Sitzungsleiter vorschlagen bzw. entscheiden, wie mit dem Tagesordnungspunkt weiter verfahren werden soll. Je nach Situation mag es angebracht sein, das Geschäft fertig zu diskutieren und ggf. einer Entscheidung zuzuführen.

Oder man vertagt den Tagesordnungspunkt auf eine nächste Besprechung. Auch soll in einem solchen Augenblick entschieden werden, zu Lasten von welchem Tagesordnungspunkt eine allfällige zusätzliches Zeitbudget gehen soll.

 Der Zeitüberwacher sorgt dafür, dass die vorgegebenen Zeiten eingehalten werden.

Der Fokussierer

Jeder Sitzungsteilnehmer neigt dazu, die Besprechung auch zu Sozialkontakten zu benützen. Oft wird vom Thema abgewichen. Manche Teilnehmer werden in ihren Voten sehr langfädig. Auch besteht die Gefahr,  dass mehrere gleichzeitig sprechen oder einzelne Teilnehmer flüsternd Privatgespräche führen.

Der Fokussierer sorgt dafür, dass die Konzentration unter den Teilnehmern erhalten bleibt, themenorientiert geredet wird und jeweils nur einer spricht.

Ein einfaches, vereinbartes Signal (z.B. Anschlagen mit dem Kugelschreiber an ein Trinkglas) reicht in der Regel, die Konzentration der Sitzungsteilnehmer merklich zu verbessern.

Der Ausgleicher

Menschen sind unterschiedlich. Es gibt welche, die können ihren Redefluss kaum bremsen und haben zu allem etwas zu sagen. Andere bleiben still und fühlen sich sichtlich wohl, selbst wenn sie mehrere Stunden nichts sagen.

Sitzungen dienen dem Gedankenaustausch. In einer Sitzung soll deshalb jeder Teilnehmer (s)einen Beitrag leisten.

Der Ausgleicher sorgt im Bedarfsfall dafür, dass die „Stillen im Lande" sich äussern bzw. die „Vielredner" sich allenfalls etwas zurückhalten.

Unverfängliche Formulierungen, die der Ausgleicher verwenden kann sind:

Bei „Vielrednern":

„Nun haben wir von Ihnen schon sehr viel gehört. Es ist interessant, auch mal die Meinung von Frau X zu hören."

Bei „Stillen im Lande":

„Herr Y, wir sind auch an ihrer Meinung zu dieser Frage sehr interessiert. Darf ich Sie bitten?"

Der Sofortprotokollführer

Bei vielen Besprechungen genügt ein Sofortprotokoll, das zum Sitzungsende fertig gestellt ist und sofort abgegeben werden kann (CL 3, Seite 133).

Der Sofortprotokollführer füllt das Formular „Sofort-protokoll" – allenfalls elektronisch im Laptop - während der Sitzung aus, kopiert es am Ende der Sitzung und verteilt es umgehend an die Teilnehmer.

Ein Sofortprotokoll kann von jedem Sitzungs-teilnehmer ohne besondere Vorbereitung verfasst werden. So kann der Sofortprotokollführer bei regelmässig stattfindenden Sitzungen – unabhängig von bestehenden „Hackordnungen" – im Turnus bestimmt werden.

2.7 Mitwirkungsgrad bei Entscheidungen

Sitzungsteilnehmer sind oft frustriert, weil nicht klar kommuniziert wurde, inwiefern sie an anstehenden Entscheidungen überhaupt mitwirken können. Dabei ist es einfach, den Mitwirkungsgrad bereits auf der Traktandenliste zu vermerken (vgl. Tab. 2.2, Seite 48).

Alle Tagesordnungspunkte können einem der vier folgenden Mitwirkungsgrade zugeordnet werden: man entscheidet gemeinsam (Beschlussfassung), man diskutiert ein Thema (Meinungsbildung), man hat zu einem Geschäft Stellung zu nehmen, das andernorts entschieden wird (Anhörung) oder man wird über irgendwelche Tatbestände informiert (Information).

Manche Autoren sehen in der „Empfehlung" eine weitere Kategorie. Davon halte ich deshalb nichts, weil Empfehlungen stets unverbindlichen Charakter haben. Da sich niemand daran halten muss, sind Empfehlungen nichts weiter als Informationen und können dort eingeordnet werden.

Sitzungen planen

Tabelle 2.2 Mitwirkungsgrad bei Entscheidungen

Mitwirkungsgrad	Bedeutung	Beispiele
Anhörung (A)	Eine übergeordnete Instanz legt den Tagesordnungspunkt den Sitzungsteilnehmern zur Vernehmlassung vor, bevor sie definitiv entscheidet.	Vernehmlassungen im politischen Bereich Konsultativabstimmungen Parallel arbeitende Projektgruppen
Beschlussfassung (B)	Die Sitzungsteilnehmer entscheiden abschliessend, nachdem sie den Tagesordnungspunkt beraten haben.	Geschäftsleitungssitzung Politische Behörden Arbeitsgruppen mit Entscheidungsbefugnis
Information (I)	Den Sitzungsteilnehmer wird ein getroffener Entscheid zur Kenntnis gebracht.	in jedem Gremium
Meinungsbildung (M)	Die Sitzungsteilnehmer erarbeiten substanzielle Vorschläge. Die Entscheidung liegt aber bei einer übergeordneten Instanz.	Arbeitsgruppen ohne Entscheidungsbefugnis Vorbereitungsgremium für Gesellschafter- oder Mitgliederversammlung

Sitzungen planen

2

2.8 Einladung / Traktandenliste

Die Traktandenliste erfüllt nachstehende Anforderungen:

- sie gilt als Einladung
- sie gilt als Aufforderung zur Vorbereitung
- sie enthält klare Zielsetzungen
- sie enthält alle Tagesordnungspunkte
- sie enthält einen Zeitraster
- sie verweist auf die Vorbereitungsunterlagen (siehe 2.9)

Einladung

Die Einladung richtet sich an alle Teilnehmer. Die zwei wichtigsten Fragen, die es vor dem Versenden der Einladung zu beantworten gilt, heissen:

1. Wer muss zwingend an der Sitzung *teilnehmen*?

2. Wer muss an der Sitzung *nicht* teilnehmen?

Viel zu oft geschieht es noch, dass die Teilnahme an einer Sitzung gleichsam ein Statussymbol darstellt. Gerade bei halb- oder ganztägigen Sitzungen sollte man sich auch noch eine dritte Frage stellen:

3. Wer muss bei einzelnen Tagesordnungspunkten (Traktanden) anwesend sein?

2 Sitzungen planen

Gerade diese dritte Frage steigert die Effizienz sehr. Selbst dann, wenn der Betroffene mal eine Viertelstunde warten muss, bis „sein" Traktandum an der Reihe ist, ist dies wesentlich effizienter, als wenn er drei Stunden gelangweilt rumsitzt, anstatt sich in dieser Zeit mit dem beschäftigen zu können, wofür er eigentlich bezahlt wird.

Auf Seite 52 sehen Sie ein entsprechendes Formular (Bild 2.9).

Auf Seite 53 befindet sich eine herkömmliche Traktandenliste (Bild 2.10), die auf Seite 54 in die hier vorgestellte Form einer Einladung übertragen wurde (Bild 2.11). Es ist unschwer festzustellen, dass die Einladung auf Seite 47 einen wesentlich höheren Informationsgehalt hat als eine herkömmliche Traktandenliste.

2.9 Vorbereitungsunterlagen

Je formaler eine Besprechung abläuft, je länger sie dauert und je seltener das entsprechende Gremium zusammentritt, desto wichtiger werden die Vorbereitungsunterlagen, die zusammen mit der Einladung an die Teilnehmer abgegeben werden. Teilnehmer an Tagungen von Topführungskräften (Aufsichtsrats-, Vorstandssitzungen, usw.) müssen die Möglichkeit haben, die verschiedenen Traktanden in Musse zu studieren und sich ihre persönliche Meinung zu bilden. Es ist inakzeptabel, wenn die Teilnehmer umfangreiche Dokumentationen erst während der Sitzung erhalten.

Das Aktenstudium während der Besprechung verlängert diese unnötig und verursacht Kosten. Ausserdem werden Beschlüsse dann unausgereift und – mangels echter Auseinandersetzung mit dem Thema – oft „aus dem Bauch heraus" gefasst.

In eine Einladung (siehe Bild 2.9, Seite 52) gehören:

①	Datum, Ort, Anfangs- und Endzeit der Sitzung
②	Der Einladende, das Thema und die Zielsetzungen der Sitzung
③	Die Teilnehmenden (mit Kürzel, die auch im Protokoll verwendet werden), und gegebenenfalls Hinweise auf persönliche Aufgaben zur Vorbereitung
④	Die Tagesordnungspunkte (TOPs, Traktanden), wer für die jeweilige Moderation verantwortlich ist, der vorgesehene Zeitbedarf für das jeweilige Traktandum und die zugehörigen Vorbereitungsunterlagen
⑤	Die Personen, die in der Sitzung die jeweilige Verantwortung gemäss Absatz 2.6 wahrnehmen

Sitzungen planen

EINLADUNG ZUR SITZUNG

	Ort	Datum	Beginn	Ende
①				

Thema: ② Ziel(e)/zu erwartende Ergebnisse

TEILNEHMER

Name, Abteilung, Funktion	Kürzel	Vorbereitungsaufgaben
③		

BESPRECHUNGSPUNKTE

TOP	Typ*	Wer	Thema	Beilagen	Zeitbedarf	Sollzeit
④						

Sitzungsleiter	Protokollführer	Ausgleicher	Fokussierer	Zeitnehmer
⑤				

Bild 2.9 TQM – Einladungsformular zur Sitzung

Sitzung des Stiftungsrates

vom Freitag, 24. August 2007, 09.00 – ca. 16.00 Uhr

Sehr geehrte Herren,

ich lade Sie zur nächsten Stiftungsratssitzung in den Räumen der
███████ AG, ████gasse █, Basel. ein.

Traktandenliste

1. Begrüssung und Vorstellung des neuen Mitglieds des Stiftungsrats

2. Die ███████ AG stellt sich vor

3. Genehmigung der Protokolle der Stiftungsratssitzung vom █ █ 2007 und der Delegiertenversammlung vom ███████ 2007

4. Berichterstattung durch Geschäftsstelle

   a) Vorlage des Berichts für das 2. Quartal 2007

   b) Liquiditätsplanung

5. Bemerkungen der Kontrollstelle zur Prüfung der Jahresrechnung 2006

   Kurze Information durch den Präsidenten.

6. Liegenschaften

   Kurze Information durch den Vize-Präsidenten.

7. Berichterstattung zur Vermögensverwaltung

   a) Stellungnahme der Anlagekommission zum Vorgehen im Bereich „Alternative Anlagen" durch Dr █

   b) Diskussion und Beschlussfassung zum Thema „Alternative Anlagen"

Bild 2.10   Herkömmliche Einladung zu einer Sitzung

EINLADUNG ZUR SITZUNG

	Ort	Datum	Beginn	Ende
Stiftungsrat, Beispielstiftung	XYZ AG, Basel, Musterstrasse 22	24.08.2007	09.00	16.00

Thema: Ordentliche SR-Sitzung, 3. Quartal 2009

Ziel(e) / zu erwartende Ergebnisse
1. Informationen, Stand Stiftung, laufende Aktivitäten
2. Informationen zu „Alternative Anlagen"
3. Beschlussfassung „Alternative Anlagen"

TEILNEHMER

Name, Abteilung, Funktion	Kürzel	Vorbereitungsaufgaben
Franz Muster, Präsident SR	fm	TOP 1, 3, 8, 9
Fritz Beispiel, Vizepräsident VR	fb	TOP 8
...	...	TOP ...
Xaver Exempel, Mitglied SR	xe	TOP 6

BESPRECHUNGSPUNKTE

TOP	Typ*	Wer	Thema	Beilagen	Zeitbedarf	Sollzeit
1	I	fm	Vorstellung neues Mitglied Stiftungsrat	---	10 Min.	09.10
2	I	uh	Vorstellung Firma XYZ AG	---	20 Min.	09.30
3	B	fm	Genehmigung Protokolle SR-Sitzung 2/2009 und Delegiertenversammlung 2009	01_Prot SR 2/09, 02_Prot Del 2009	5 Min.	09.35
4.1	A	fm	Diskussion Bericht 2. Quartal 2007	Entwurf Bericht	25 Min.	10.00
4.2	I	ef	Liquiditätsplanung	wird abgegeben	15 Min.	10.20
...						
9.	I	fm	Diverses, Aussprache	Dok. 4,3	20 Min.	16.00

Sitzungsleiter	Protokollführer	Ausgleicher	Fokussierer	Zeitnehmer
Franz Muster	Josef Aktuar	Ernst Harmonie	Richard Berger	Heinz Fehr

Bild 2.11 TQM-Einladung zu einer Sitzung

Die Vorbereitungsunterlagen müssen den Teilnehmern frühzeitig zur Verfügung stehen. Vor allem in internationalen Gremien, deren Teilnehmer oft auch weltweit unterwegs sind, sollen diese Unterlagen mindestens vier Wochen vor dem Tagungstermin zur Verfügung stehen. Es ist eine Frage des individuellen Arbeitsstiles, wie die Teilnehmer mit der Fülle von Vorbereitungsdokumenten umgehen. Ein einseitiges „Executive Summary" mit einer Zusammenfassung zum Thema und Hinweisen zur Behandlung während der Besprechung erweist sich hier als sehr hilfreich. Ausserdem kann das Executive Summary dem Protokollführer die Protokollführung ungemein vereinfachen, indem er die wesentlichen Abschnitte meist unverändert oder mit wenigen Änderungen direkt ins Protokoll übernehmen kann.

Das Beispiel eines solchen Executive Summary zeigt Bild 2.12 (Seite 56).

Sitzungen planen

Sitzung	Datum, Ort	TOP	Typ (A, B, I, M)
Mustersitzung	**08.10.2007, Wien**	**1**	**Information**
Thema	**Vorschlag Executive Summary**		

Executive Summary

1. Ausgangslage

1.1 Es ist nicht immer einfach und benötigt viel Zeit, aus den oft umfangreichen Unterlagen die relevanten Punkte herauszulesen.

1.2 Oft kommen die verschiedenen Teilnehmer sehr unterschiedlich vorbereitet in die Besprechung.

2. Ziel

2.1 Das Executive Summary ermöglicht dem Teilnehmer eine rasche Übersicht über den in der Sitzung zu behandelnden Tagesordnungspunkt.

2.2 Nach Lektüre des Executive Summary entscheidet der Teilnehmer eigenverantwortlich, wie tief er in die Unterlagen zum Tagesordnungspunkt eindringen will.

2.3 In jedem Fall ist der Teilnehmer so vorbereitet, dass er seine Meinung zum Thema kompetent vertreten kann.

3. Vorschlag des Vorsitzenden

3.1 Die Vorbereitungsunterlagen für die nächsten drei Sitzungen werden mit einem Executive Summary als Deckblatt versehen.

3.2 Nach dieser Probephase entscheidet das Gremium definitiv, ob dieses Executive Summary beibehalten wird.

Bild 2.12   Executive Summary als Deckblatt für umfangreiche Vorbereitungsunterlagen

Sitzungen durchführen

Das Umsetzen einer Idee in die Tat ist wie der Bau
eines Hauses – die meisten haben sie, die Idee.
Nur nicht jeder kann sie umsetzen.

(Torsten Fischer)

		Unterkapitel
Umsetzen (DO)	SITZUNG durchführen	3.1 Der Sitzungsbeginn
		3.2 Klärung organisatorischer Fragen
		3.3 Themenbearbeitung
		3.4 Sitzungsdisziplin und Ordnungsanträge
		3.5 Umgang mit Störungen
		3.6 Zusammenfassung
		3.7 Das Sitzungsende

Sitzungen durchführen

3.1   Der Sitzungsbeginn

Unter Qualität verstehen wir bekanntlich die permanente Erfüllung vorgegebener und vereinbarter Anforderungen[4].

Sitzungsort, Sitzungstermin und Zeitpunkt des Sitzungsbeginns sind deshalb die erste vorgegebene bzw. vereinbarte Anforderung, die es zu erfüllen gilt.

Es ist eine Todsünde, wenn Sitzungen nicht pünktlich begonnen werden, weil irgendwelche Teilnehmer unpünktlich erscheinen. Die einzige Situation, die es erlaubt, eine Sitzung nicht pünktlich zu beginnen, ist höhere Gewalt im Sinne etwa von Verkehrszusammenbrüchen wegen starkem Schneefall oder ähnlichem.

Unterbrechen Sie niemals die Sitzung, um einen zu spät eintreffenden Teilnehmer darüber zu informieren, was bisher in der Sitzung gelaufen ist. Auch hier gilt: *„Wer zu spät kommt, den bestraft das Leben".*

Das unpünktliche Erscheinen von Topführungskräften (Präsidenten, Aufsichtsrats- oder Vorstandsvorsitzende) ist niemals „höhere Gewalt". Im Gegenteil: Topführungskräfte sorgen dafür, stets pünktlich zu sein, denn sie wissen: „Der Fisch beginnt am Kopf zu stinken", oder positiv formuliert: „Wie der Herr, so's Gescherr".

---

[4] vgl. Jürg Meier: „Chefsache Qualitätsmanagement", Norderstedt: Books on Demand, 2006.

3 Sitzungen durchführen

Am 31. Januar empfing Präsident George W. Bush Senatoren beider Parteien im Kabinettraum. Drei Minuten vor dem vereinbarten Termin erschien Bush. Als er bemerkte, wie die Senatoren vor dem Zimmer herumstanden, fragte er: *„Was ist nicht in Ordnung. Lasst uns beginnen!"* – Einer der Senatoren erklärte, dass noch nicht alle da seien. – *„Warum sind sie nicht da?",* fragte Bush. – *„Ich bin nicht sicher, vielleicht liegt es am Verkehr..."* (Keiner wagte es laut zu sagen, aber man war sich von Präsident Clinton gewohnt, dass er einen etwa eine halbe Stunde warten liess...) Bush sagte: *„Lasst uns beginnen. Das nächste Mal werden sie nicht mehr zu spät kommen".*

ദദ്ദ&

Nicht lange danach kam Bush pünktlich wie eine Schweizer Uhr in die Kabinettsitzung. Er bemerkte, dass der Stuhl seines Aussenministers Colin Powell leer war. *„Schliesst die Türe",* ordnete er an. Einige Minuten später hörte man, wie jemand vergeblich versuchte, die Türe zu öffnen. Es erhob sich Gelächter. Auf ein Signal von Bush wurde die Tür geöffnet und der Aussenminister trat ein.

Zwei Dinge wurden allen Beteiligten klar. Erstens: Termine sind einzuhalten – und zwar von allen. Zweitens: Powell war viel populärer als Bush und Bush benötigte deshalb Powell mehr als umgekehrt – es stand fortan jedoch zweifelsfrei fest, wer die „Nummer Eins" war.[5]

(Mit diesem Hinweis sei über die sonstige Qualität der Regierung Bush nichts ausgesagt...)

Idealerweise wird der Sitzungsleiter ganz kurz begrüssen und die Zielsetzung(en) der Besprechung nochmal bekannt geben.

---

[5] aus: Draper, R.: "Dead Certain – The presidency of George W. Bush", New York: Free Press, 2007.

Sitzungen durchführen

3.2 Klärung organisatorischer Fragen

In dieser ersten Phase der Besprechung sind folgende Fragen zu klären:

1. Fehlt jemand, der unbedingt an der Besprechung teilnehmen sollte?

2. Ist jemand da, der nicht notwendigerweise an der Besprechung teilnehmen sollte?

3. Ist jemand da, der aus einem wichtigen Anlass nicht während der ganzen Besprechung teilnehmen kann?

4. Enthält die Traktandenliste alle für die Besprechung relevanten Tagesordnungspunkte?

5. Können die Tagesordnungspunkte in der vorgesehenen Reihenfolge abgearbeitet werden?

6. Ist das vorgesehene Besprechungsende realistisch?

In diese Besprechungsphase fällt oft auch die abschliessende Genehmigung des Protokolls der letzten Besprechung, sofern es sich hierbei um eine regelmässig wiederkehrende Sitzung handelt.

Genehmigung von früheren Protokollen

Spätestens dann, wenn der Sitzungsleiter die Frage nach dem letzten Protokoll stellt, beginnen einzelne Teilnehmer in diesem Protokoll zu blättern. (Dies wahrscheinlich deshalb, weil sie es zuvor gar nicht durchgesehen haben).

Die „Dreissig Sekunden Protokollgenehmigung"

Es ist ineffizient, die Frage nach Änderungswünschen im früheren Protokoll an dieser Stelle überhaupt aufzuwerfen. Viel sinnvoller ist es, gleichzeitig mit dem Versand eines Protokolls den Termin anzugeben, bis zu welchem Änderungsvorschläge an den Protokollführer zu richten sind. Reagiert ein Teilnehmer bis zu diesem Termin nicht, gilt dieses Nichtreagieren als Einverständnis. Der Sitzungsleiter teilt dann in der Sitzung einfach mit:

„Bis zum ... (Termin) sind zum Protokoll der Sitzung vom ... (Datum) keine Änderungswünsche eingetroffen. Das Protokoll vom ... (Datum) ist deshalb genehmigt".

(Wurden Änderungswünsche angebracht, hat der Protokollführer diese bereits im neuen Protokollentwurf aufgelistet. In diesem Fall gibt der Sitzungsleiter die Änderungen an dieser Stelle bekannt).

Ist das hier beschrieben Vorgehen vereinbart, soll keinesfalls mehr auf verspätete Änderungswünsche eingegangen werden. Sonst würden die „vereinbarten Anforderungen" gezielt unterlaufen und die Qualitätsbemühungen ad absurdum geführt.

3.3 Themenbearbeitung

Der Sitzungsleiter erleichtert sich seine Aufgabe ungemein, wenn er die Leitung einzelner Sachgeschäfte (Traktanden, Tagesordnungspunkte) bereits im Vorfeld (siehe Bild 2.11, Seite 54) an einzelne Sitzungsteilnehmer, die beispielsweise als Sachbearbeiter, Prozessverantwortliche oder Projektleiter mit der Materie am besten vertraut sind, überträgt. In der Regel sind diese auch am besten in der Lage,

Fragen aus dem Kreis der Teilnehmer kompetent zu beantworten.

Merken wir uns:

Es wirkt für Sitzungsteilnehmer motivierend und ist der Sache dienlich, wenn die Leitung eines Tagesordnungspunktes an denjenigen delegiert wird, der mit dem Sachgeschäft am besten vertraut ist.

3.4 Sitzungsdisziplin und Ordnungsanträge

Eine gute Sitzung hängt davon ab, dass sich alle Teilnehmer den festgelegten Anforderungen unterwerfen. Qualität entsteht ja nur dann, wenn Anforderungen festgelegt sind und auch von allen Beteiligten befolgt werden.

Gerade in Sitzungen mit vielen „Alpha-Tieren" (Aufsichts- und Verwaltungsräte, politische Gremien) bleibt die Disziplin oft auf der Strecke. Die Betreffenden sind sich nicht gewohnt, sich irgendwelchen „höheren Mächten" unterordnen zu müssen, erklären doch normalerweise sie „den Tarif, nach dem sich der Rest der Menschheit zu richten hat".

Eine gute Möglichkeit, dennoch Sitzungsdisziplin zu erreichen, liegt in der konsequenten Nutzung des Ordnungsantrags.

Mit einem Ordnungsantrag werden verzugslos Entscheide zum Ablauf der Sitzung eingefordert.

Für Ordnungsanträge gilt zwingen:

- Jeder Sitzungsteilnehmer kann jederzeit einen Ordnungsantrag stellen

- Ein Ordnungsantrag darf von der Sitzungsleitung nicht abgelehnt werden

- Ein Ordnungsantrag unterbricht den gerade besprochenen Tagesordnungspunkt sofort

- Über einen Ordnungsantrag muss sofort abgestimmt werden

3.5 Umgang mit Störungen

Für Störungen durch Witzbolde und Mitarbeitende, die chronisch zu spät kommen, sich kaum an der Sitzung beteiligen, anderen ins Wort fallen oder sich in Details verlieren ist die A.A.N.N.-Technik[6] zu empfehlen. Man greift das Thema auf, anerkennt den Mitarbeitenden und nennt eine Alternative zum bisherigen Verhalten. Im Bedarfsfall versucht man das Ganze nochmals. (siehe Tab. 3.1, Seiten 67 und 68).

---

[6] vgl. Bozek, P.: „ 50 Ein-Minuten-Tips für erfolgreiche Kommunikation", S.24, Wien: Carl Ueberreuter, 1992

Tabelle 3.1   **Die A.A.N.(N.)** [7] **– Technik bei Störungen**

Problem: Chronisches Zuspätkommen	
Aufgreifen	Fritz, herzlich willkommen bei uns.
Anerkennen	Ich weiss, du bist wie wir alle stets unter Zeitdruck.
Nennen von Alternativen	Aber die anderen haben das Problem gelöst. Darf ich Dich bitten, künftig auch pünktlich da zu sein? Danke.

Problem: Fehlende Gesprächsbeteiligung	
Aufgreifen	Hans, wir schätzen Dich und Dein Fachwissen sehr.
Anerkennen	Du bist einer der „Stillen im Lande", was oft sehr wünschenswert ist.
Nennen von Alternativen	Darf ich Dich aber trotzdem bitten, uns zu diesem Thema deine Vorstellungen mitzuteilen.

Problem: Sich in Details verlieren	
Aufgreifen	Wir kennen deine grossen Detailkenntnisse.
Anerkennen	Für uns ist dies sehr wertvoll.
Nennen von Alternativen	Darf ich dich dennoch bitten, dich möglichst kurz zu fassen.

Problem: Nörgeln	
Aufgreifen	Wir verstehen Deine kritische Haltung. Dadurch werden Fehler und Missstände aufgezeigt.
Anerkennen	Dies aufzuzeigen ist sehr wichtig.
Nennen von Alternativen	Darf ich dich trotzdem bitten, auch konstruktive Vorschläge einzubringen.

---

[7] (N.) bedeutet: Im Bedarfsfall „nochmals versuchen"

3 Sitzungen durchführen

Tabelle 3.1   **Die A.A.N.(N.)** [8] **– Technik bei Störungen**
(Fortsetzung)

Problem: Anderen ins Wort fallen	
Aufgreifen	Du bist mit ganzer Seele dabei.
Anerkennen	Wir schätzen Dein Engagement sehr.
Nennen von Alternativen	Darf ich Dich trotzdem bitten, die anderen aussprechen zu lassen.
Problem: Witzbold	
Aufgreifen	Alex, darf ich Dir einen Vorschlag machen?
Anerkennen	Ehrlich, ich finde Deine Witze echt gut.
Nennen von Alternativen	Aber ich weiss jetzt noch nicht, was Du zu dieser Frage sagen möchtest. Im Ernst: was ist Deine Meinung?

3.6   Zusammenfassung

Idealerweise fasst der Sitzungsleiter die Ergebnisse bzw. Aufträge am Ende des jeweiligen Traktandums oder am Ende der Sitzung nochmals zusammen.

Im Hinblick auf die gefassten Beschlüsse lohnt es sich, hier besonders zu prüfen, ob die Beschlüsse auch realisierbar sind. So manche tolle Entscheidung wurde in der Umsetzung zum Rohrkrepierer, weil man etwa nicht daran gedacht hat, die notwendigen Ressourcen (Geld, Zeit, Manpower) bereitzustellen.

---

[8] (N.) bedeutet: Im Bedarfsfall „nochmals versuchen"

Sitzungen durchführen

Müssen Sitzungsergebnisse an externe Anspruchs-gruppen (Behörden, Öffentlichkeit) kommuniziert werden, wird der Kommunikationsbeauftragte an dieser Stelle mögliche Medienmitteilungen zumindest inhaltlich vorstellen und dem Gremium zur Freigabe vorlegen.

3.7 Das Sitzungsende

Jede auch noch so kleine Besprechung benötigt zwingend ein formales Ende, das durch den Sitzungsleiter bekanntgegeben wird.

Zuvor soll zumindest im Rahmen einer Kurzabfrage die emotionale Lage der Besprechungsteilnehmer abgefragt werden (siehe Kapitel 4.1, Seite 73)

Geschieht dies nicht, kommt es oft zu einem ungeordneten „Ausufern". Es wird durcheinander geredet, einige beginnen bereits ihre Sachen zusammenzupacken, manche laufen bereits davon oder beginnen mit ihrem Mobiltelefon zu spielen.

Dies wird verhindert, wenn der Sitzungsleiter kurz und prägnant verkündet: „Hiermit ist die Besprechung beendet. Ich danke Ihnen."

Sollte die bisherige Sitzungskultur anders gewesen sein, werden die Teilnehmer sich spätestens nach der dritten derart beendeten Besprechung über das disziplinierte Sitzungsende freuen.

Sitzungen prüfen 4

Bevor man Unordnung vermutet, sollte man prüfen, wie das Chaos organisiert ist.

(Reiner Menzel)

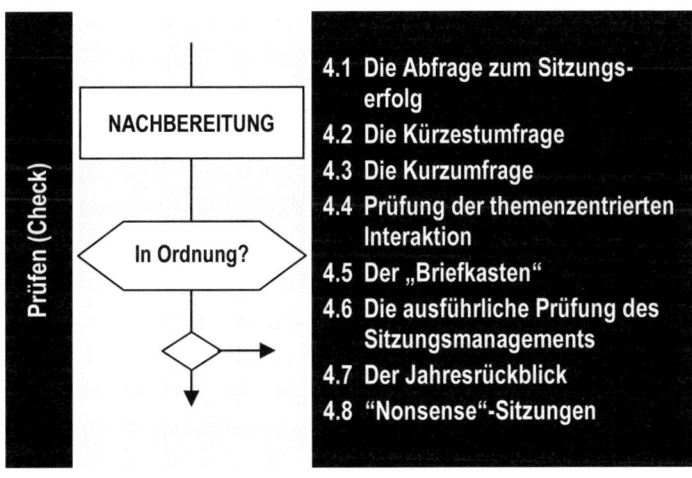

4.1 Die Abfrage zum Sitzungs-
erfolg

4.2 Die Kürzestumfrage

4.3 Die Kurzumfrage

4.4 Prüfung der themenzentrierten
Interaktion

4.5 Der „Briefkasten"

4.6 Die ausführliche Prüfung des
Sitzungsmanagements

4.7 Der Jahresrückblick

4.8 "Nonsense"-Sitzungen

4.1 Die Abfrage zum Sitzungserfolg

Die Essenz jeglichen Qualitätsmanagements liegt in der konsequenten Anwendung des Deming [9]- oder PDCA-Kreises (Bild 4.1)

Bild 4.1 Der Deming- oder PDCA-Kreis

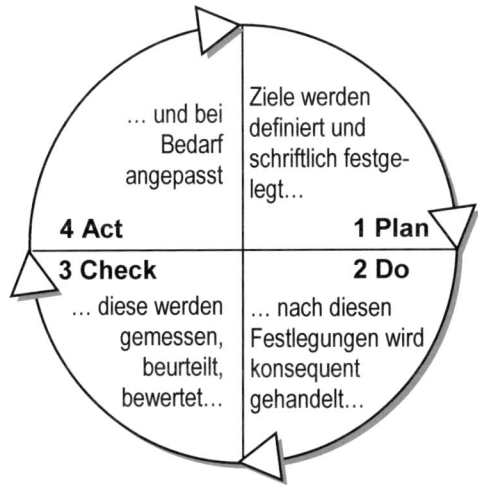

Nachdem die Besprechung nach einer klaren Vorgabe (Einladung/Traktandenliste) durchgeführt worden ist, kann/soll zum Ende jeder Sitzung durch den Sitzungsleiter ohne besonderen Aufwand eine Umfrage zum Sitzungsmanagement durchgeführt werden. Es lohnt sich, diese Umfragen von Sitzung zu Sitzung zu variieren.

---

[9] Der amerikanische Physiker William Edwards Deming (1900-1993) war ein Pionier des Qualitätsmanagements

4 Sitzungen prüfen

4.2 Die Kürzestumfrage

Diese lässt sich auf einer Flipchart – oder besser – auf einem Blatt (Bild 4.1), das jeder Teilnehmer vor sich hat, durchführen. Der Teilnehmer benötigt 5 Sekunden Zeit, um im für ihn stimmigen Quadrat sein Kreuz zu machen. Gegenüber der Flipchart hat das Blatt am Platz den Vorteil, dass unabhängig(er) und unbeeinflusst entschieden wird.

Tabelle 4.1   **Formblatt für die Kürzestumfrage**

Der Mitarbeiter macht drei Kreuze und lässt das Blatt am Platz liegen. Der Sitzungsleiter sammelt die Blätter ein und macht die Evaluation. Werden einzelne Kriterien negativ bewertet, soll dies spätestens zu Beginn der nächsten Sitzung besprochen werden.

Frage	schlecht ☹	Gut ☺
Die Führung der Sitzung war...	☐	☐
Ich weiss, was ich zu tun habe...	☐	☐
Ich fühle mich...	☐	☐

4.3 Die Kurzumfrage

Damit das Ergebnis „den Tag überdauert", lohnt es sich immer, die Kurzumfrage mit Hilfe eines Formulars durchzuführen und damit das Ergebnis zu dokumentieren (Tabelle 4.2). Der Sitzungsleiter lässt die Teilnehmenden gemäss Formular über jede

Frage kurz abstimmen. In einer „normalen", von Offenheit, Ehrlichkeit und gegenseitigem Respekt getragenen Unternehmenskultur werden die Fragen durch Handerheben beantwortet. Der Sitzungsleiter bekommt so auf einfache Weise ein „messbares" Feedback über den Sitzungsverlauf.

Tabelle 4.2   **Formular zur Erfassung der Ergebnisse der Kurzumfrage zum Sitzungsverlauf**

Frage	gut ☺☺	genü-gend ☺	ungenü-gend ☹	Schlecht ☹☹
Haben wir die Zeiten eingehalten?	IIIII III			
Haben wir die vorgegebenen Ziele erreicht?		IIIII I	II	
Konnte jede(r) sagen, was nötig war?	IIIII III			
Wie war die Gesprächsdisziplin?	IIIII III			
Gingen wir respektvoll miteinander um?	IIIII III			
War die Sitzungsleitung in Ordnung?	IIIII III			
Liegt das Sofortprotokoll noch heute vor?	IIIII III			
Wie ist das persönliche Befinden der Teilnehmenden?	IIIII II	I		

4 Sitzungen prüfen

4.4 Prüfung der themenzentrierten Interaktion[10]

Eine elegante Möglichkeit in der Sitzungsevaluation bietet auch die Prüfung der themenzentrierten Interaktion. Hierbei nehmen die Teilnehmer zu nachstehenden Fragen Stellung:

1. Wie habe ICH zur Sitzung beigetragen?
2. Wie zufrieden bin ich mit dem Thema und den erreichten Ergebnissen?
3. Wie haben wir als Gruppe zusammengearbeitet?

Auf einer Skala von 0 bis 100% wird „gefühlsmässig gepunktet", indem jeder Teilnehmer seine drei vom Sitzungsleiter erhaltenen Klebepunkte aufklebt:

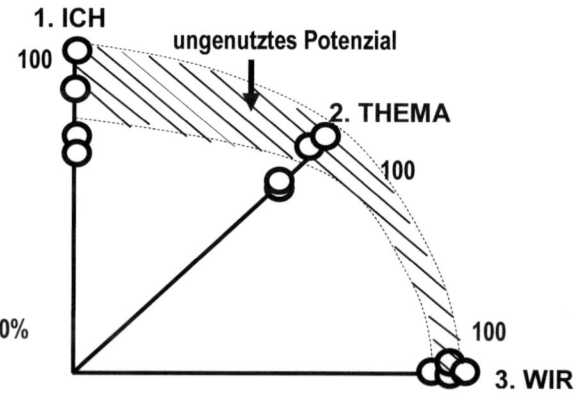

---

[10] Cohn, R.C., Klein, I. : „Grossgruppen gestalten mit themenzentrierter Interaktion", Ostfildern: Grünewald, 1993

Die Differenz zwischen dem möglichen Höchstwert und der effektiv wahrgenommen Situation (siehe schraffierte Fläche) dient dann als Grundlage zur Besprechung allfälliger Massnahmen.

Dabei kann schwerpunktmässig auf das individuelle Verhalten der Teilnehmer (Frage 1), auf die gruppendynamische Situation (Frage 3) oder die themenbezogene Wahrnehmung (Frage 2) eingegangen werden.

4.5 Der „Briefkasten"

Blitzschnelle Ergebnisse erhalten Sie mit der „Briefkastenmethode". Die Teilnehmer werfen beim Hinausgehen einfach ein Notizblatt mit ihrem Namen oder ihre Visitenkarte in die Schachtel, die ihrer Meinung entspricht. Der Vorteil dieser Methode liegt darin, dass Sie jedes Mal eine andere Frage zur Beantwortung vorlegen können. Anhand der Visitenkarte können Sie im Bedarfsfall konkret nachfragen.

4 Sitzungen prüfen

4.6 Die ausführliche Prüfung des Sitzungsmanagements

In Gremien mit starkem hierarchischem Gefälle und in Besprechungen mit Teilnehmern, die sich nicht persönlich kennen, sind die Mitwirkenden oft gehemmt und teilen ihre Meinung nur ungern offen mit. In solchen Fällen und bei regelmässig stattfindenden Besprechungen sollte mindestens einmal im Kalenderjahr eine schriftliche Prüfung des Sitzungsmanagements und der Sitzungskultur erfolgen (Tabelle 4.2, Seite 79).

4.7 Der „Jahresrückblick"

Nichts ist tödlicher als die Routine – auch und gerade bei Sitzungen. Der Gedanke, seit fünf Jahren jeden Montag um 11 Uhr dieselbe Besprechung besuchen zu müssen mit der Aussicht, dies auch während der kommenden 17 Jahre noch tun zu müssen, trübt nicht nur die Motivation, sondern hemmt auch die Kreativität. So lohnt es sich, in etwa jährlichen Abständen zu prüfen, ob die an sich nötige Sitzung nicht zu einer anderen Tageszeit und/oder an einem anderen Wochentag durchgeführt werden sollte. Dies hat neben dem generellen Sinn der Veränderung auch den erzieherischen Nutzen, mit dem Wandel auf normale, unverkrampfte Weise umgehen zu lernen.

Tabelle 4.2 **Formular für das Feedback zum Jahresrückblick**

Frage	immer / gut ☺☺	oft / genügend ☺	selten / ungenügend ☹	nie / schlecht ☹☹
Zeitpunkt der Besprechung?	☐	☐	☐	☐
Klarheit der Ziele?	☐	☐	☐	☐
Sitzungsraum?	☐	☐	☐	☐
Klarheit der Tagesordnung?	☐	☐	☐	☐
Pünktlicher Beginn?	☐	☐	☐	☐
Pünktliches Ende?	☐	☐	☐	☐
Ziele erreicht?	☐	☐	☐	☐
Verhalten Sitzungsleiter?	☐	☐	☐	☐
Verhalten Teilnehmer?	☐	☐	☐	☐
Fokus auf Themen?	☐	☐	☐	☐
Teilnehmer vorbereitet?	☐	☐	☐	☐
Ausgewogene Mitwirkung?	☐	☐	☐	☐
Offenheit?	☐	☐	☐	☐
Gesprächsdisziplin?	☐	☐	☐	☐
Eindeutige Entscheidungen?	☐	☐	☐	☐
Klare Verantwortlichkeiten?	☐	☐	☐	☐
Realistische Termine?	☐	☐	☐	☐
Sofortprotokoll?	☐	☐	☐	☐
Persönliches Befinden?	☐	☐	☐	☐
	☐	☐	☐	☐

Bemerkungen:

....

Datum: .... Name: ....

4 Sitzungen prüfen

4.8 „Nonsense"-Sitzungen

Kennen Sie die Institution der „Post-Sitzung"? So unverfänglich, ja nachgerade wichtig tönt der tägliche Schwachsinn, zu dem sich in Bankfilialen und Industriebetrieben selbst im Zeitalter von Internet und E-Mail Mitarbeiter aller Hierarchiestufen um das höchste Alphatier am Wirkungsort scharen dürfen / müssen / sollen. Ja, vordergründig geht es darum, gemeinsam die eingehende Post zu sichten, Koordinationsgespräche zu führen und die anstehenden Aufträge zu verteilen. Hintergründig ist es nicht mehr und nicht weniger als eine getarnte Kaffeepause. Denn Zeit für solche profanen Vergnügungen haben CEOs, CFOs und $CXOs$ eigenen Aussagen zufolge in der Regel ja nicht. So dient die „Post"-Sitzung als reine Tarnübung – und ist in vielen Organisationen schlicht unausrottbar.

Zwei Beispiele mögen belegen, was für seltsame Blüten solche Besprechungen treiben können.

Seltsames „Öffnungsgebahren"

Im Unternehmen, in dem ich jahrelang arbeitete, fand in der Zentrale täglich eine Postsitzung statt. Als junge, respektlose Mitarbeiter nervte uns, dass die Briefe geöffnet unsere Pulte erreichten – nun, dazu war die Postsitzung ja da. Allerdings nahmen wir erstaunt zur Kenntnis, dass nicht alle Briefe geöffnet wurden. So wurde analysiert, nach welchem System die Postöffnung erfolgte. Es war eigentlich sehr einfach: Sah der Briefumschlag nach Reklame aus, blieb die Sendung in der Regel verschlossen. Konnte auf einen interessanten Inhalt geschlossen werden, wurde der Brief hemmungslos geöffnet.

Sitzungen prüfen

Die Erkenntnisgrenze in den Naturwissenschaften ist bekanntlich das Experiment. Also haben wir drei Mal fingierte Briefsendungen an uns adressiert. In Umschläge, die nach Werbesendungen aussahen, taten wir „sinnvolle Nachrichten" (eine hiess zugegebenermassen auch: *„Ätsch – jetzt haben wir Euch erwischt!"*) und seriös anmutende Briefumschläge wurden mit Werbung bestückt. Die seriös anmutenden Briefe erreichten uns geöffnet, die „Werbebriefe" im verschlossenen Zustand. Vielleicht war es gut so – die Botschaft *„Ätsch – jetzt haben wir Euch erwischt"* hätte wohl unangenehme Folgen nach sich gezogen...

Jahre später wollten wir den Unsinn der Postsitzung aktiv angehen. Entschuldigend wurden wir darauf vertröstet, dass der langjährige Vorstandsvorsitzende gelegentlich in den Ruhestand treten würde. Bis dahin werde man „aus Pietätsgründen" mit dem Aufheben dieser Sitzung noch zuwarten. Als ich das Unternehmen weitere sieben Jahre später verliess, war die Postsitzung noch immer täglicher Treffpunkt der höchstbezahlten Mitarbeiter in der Zentrale.

Die Postsitzung in Banken

Auch in Unternehmen der Finanzbranche sind Postsitzungen beliebt und werden an vielen Standorten täglich zelebriert.

Ausser dem Namen haben solche Sitzungen oft nicht viel gemein – zumindest keine klaren Zielvorgaben. Vom gleichen Finanzinstitut erzählten mir die Mitarbeitenden einer Filiale, dass die Postsitzung dazu diene, dass der Filialdirektor dem erlauchten Kreis ab Stufe Prokurist erzähle, an welchen Stehimbissen er an Veranstaltungen des vergangenen Wochenendes im Dienste der Bank welche Weinsorten „verinnerlicht" habe. In einer anderen Filiale dient die tägliche Postsitzung dem allgemeinen Smalltalk über die Tagesaktualitäten in- und ausserhalb der Bank. Ein Mitarbeiter sagte unumwunden, er weigere sich seit mehr als einem Jahr erfolgreich mit dem Argument, er sei schliesslich fürs Arbeiten bezahlt und nicht fürs sinnlose Rumalbern an der täglichen Postsitzung. Auf meine Frage, welche Konsequenzen diese Weigerung habe, antwortete er grinsend: *„Gar keine"!* ...

Sitzungen verbessern

Vergangenes lässt sich nicht vergessen, – oftmals jedoch verbessern!

(Albert Emil Brachvogel)

5.1 Wider die Tradition
5.2 Die „Stehung"
5.3 Das „Bla,bla-Traktandum"
5.4 Die Exaktzeit-Strategie
5.5 Der „Platzhirsch-Ansatz"
5.5 Kreativmethoden
5.6 Aufmerksamkeitsförderer
5.7 Und was tut der Körper?
5.8 Notebook und Mobiltelefon – notwendige Übel?

5.1 Wider die Tradition

"Es ist so der Brauch" – mit diesen Worten pflegen wir die absurdesten Gewohnheiten zu entschuldigen und am Leben zu erhalten. Auch der in jeder Strophe wiederkehrende Kehrreim des Liedes der Schweizer Stadt Solothurn zielt in diese Richtung: *„ 's isch immer e so gsi, 's isch immer e so gsi"* (*„Es war immer so"*).

Soll es im Sitzungswesen wirklich so bleiben wie immer? Soll weiterhin eine(r) reden, während alle anderen vor sich hin dösen? Sollen langweilige, in jeder Hinsicht überflüssige Sitzungen aufrecht erhalten werden, nur weil es die Tradition so verlangt?

Selbst wenn Sie bei der regelmässigen Prüfung ihrer Sitzungskultur (Kapitel 4) mit den Ergebnissen leidlich zufrieden sind, gibt es immer wieder Verbesserungsmöglichkeiten. In Kapitel 4 haben wir ja vor allem den „Soll-Ist-Vergleich" anhand bestehender Sollvorgaben durchgeführt. Abweichungen führen dann zu „Korrekturmassnahmen".

Hier wollen wir uns echte Verbesserungsmassnahmen vornehmen, also die bisherigen „Soll-Vorgaben" hinterfragen und Änderungen zuführen. Der innovative Umgang mit Sitzungen ist gefragt.

Je abwechslungsreicher eine Sitzung gestaltet wird, desto bessere Ergebnisse sind zu erwarten.

5 Sitzungen verbessern

5.2 Die „Stehung"

Dieser Ansatz erhöht die Konzentration der Teilnehmer ungemein, verkürzt die Dauer der Sitzung in
der Regel massiv, wird manchmal als willkommene
Abwechslung wahrgenommen und ist erst noch ge-
sund:

**Führen Sie hin und wieder eine Sitzung durch,
bei der alle Teilnehmer stehen müssen.**

Damit eine „Stehung" gelingt, darf die Sitzung nicht
zu lange (nicht mehr als eine halbe Stunde) dauern.
Sie können als Sitzungsleiter durchaus auch in einer
längeren Sitzung, etwa für die Besprechung eines
Traktandums, eine „Stehung" anordnen.

5.3 Das „Bla,bla"-Traktandum

Der Mensch ist ein soziales Wesen. Das drückt sich auch im Bedürfnis aus, von einem vorgegebenen Thema abzuweichen und über Dinge des täglichen Lebens zu kommunizieren. Dies ist der Hauptgrund dafür, dass nur etwa 60% der in Sitzungen verbrachten Zeit themenorientiert verwendet werden.

Zweifellos werden die Sitzungsteilnehmer überrascht zurückfragen, wenn sie in der Sitzungseinladung einen Tagesordnungspunkt „10.45-10.55 Uhr Bla, bla" vorfinden.

Mit dem „Bla, bla-Traktandum" schaffen wir eine offizielle Möglichkeit zum Austausch „über Gott und die Welt". Erstaunlicherweise hat dies eine disziplinierende Wirkung auf die Teilnehmer. Ohne schlechtes Gewissen können nun einige Minuten zum Ausleben der üblichen Sozialkontakte genutzt werden. Da die Zeitvorgabe klar ist, kann der Sitzungsleiter die Diskussionen, wie bei den übrigen Traktanden auch, abstellen, sobald die Zeitvorgabe abgelaufen ist. Erfrischt werden sich die Teilnehmer wieder der gewünschten Arbeit zuwenden.

5.4 Die Exaktzeit-Strategie

Kämpfen Sie mit der Unpünktlichkeit ihrer Mitarbeiter? Dann sollten Sie hin und wieder die Exaktzeit-Strategie anwenden, ist sie doch ebenso einfach wie wirkungsvoll.

Sie legen den Beginn der Besprechung beispielsweise auf 08.48 Uhr oder 10.13 Uhr fest. Nachdem es sich hierbei zum einen um eine ungewohnte Zeitvorgabe handelt und zum anderen viele der gängigen Armbanduhren mit analoger Anzeige das Ablesen der Minutenzeit nur ungefähr zulassen, werden sich die Sitzungsteilnehmer befleissigen, ja nicht zu spät zu erscheinen. Damit ist das Ziel der Pünktlichkeit erreicht.

5.4 Der „Platzhirsch"-Ansatz

Wegen ihrer besonderen Zusammensetzung sind Sitzungen von Aufsichtsräten, Verwaltungsräten oder Stiftungsräten oft besonders reiz- und anspruchsvoll. Die Mitglieder solcher Gremien sind oder waren oft Unternehmensleiter oder Mitglieder des obersten Managements von Organisationen. Damit gehören sie zu jener Spezies, die man gemeinhin als „Alphatiere" zu bezeichnen pflegt. Kurzum: Widerspruch sind sie nicht wirklich gewohnt und wenn sie reden, hat die Umgebung aufmerksam zuzuhören. In der Biologie spricht man von „Platzhirschen".

Ein wirksames Mittel zum Disziplinieren von Teilnehmern solcher Sitzungen liegt darin, dass jeder Anwesende vom Sitzungsleiter ein paar Kärtchen erhält. Bei jeder Wortmeldung gibt der Sprecher eines seiner Kärtchen in die Tischmitte. Wer seine Kärtchen „verbraucht" hat, muss warten, bis die übrigen Teilnehmer „ihr Pulver ebenfalls verschossen" bzw. ihre Kärtchen auch verbraucht haben.

Anschliessend werden die Kärtchen wieder verteilt.

Kindergarten? – Es ist unstrittig, dass sich erwachsene Menschen oft wie Kinder im Kindergarten verhalten. Da sind im Bedarfsfall solche Methoden durchaus legitim.

Sitzungen verbessern

5.5 Kreativmethoden

Brainstorming, das gemeinsame und effiziente Ideensammeln, ist mittlerweile die wohl am weitesten verbreitete Kreativmethode überhaupt.

Hier werden sieben – leider noch nicht so bekannte – Kreativmethoden vorgestellt. Sie sind allemal einen Versuch wert.

Tabelle 5.1   Auswahltabelle für die Kreativmethoden

Ideen...	erzeugen, gruppieren	entscheiden
Tischblatt-Brainstorming	☑	
PMI - Methode	☑	
x – 3 – 5 - Methode	☑	
Sechs Hüte	☑	
Fischgräten-Diagramm	☑	☑
Morphologischer Kasten	☑	☑
Entscheiden - einmal anders		☑

Tischblatt-Brainstorming

Bei dieser Methode werden Flipchart-Blätter auf dem Tisch ausgelegt. Jeder Teilnehmer hat einen Flipchart-Stift zur Verfügung. Auf das Kommando des Sitzungsleiters schreibt jeder Teilnehmer die Stichworte, die ihm zum vorgegebenen Thema einfallen, bis der Sitzungsleiter nach 60 oder 90 Sekunden diese Phase beendet.

Als Variante können Karten abgegeben werden. Auf jede Karte schreibt der Teilnehmer einen Begriff bzw. einen Satz.

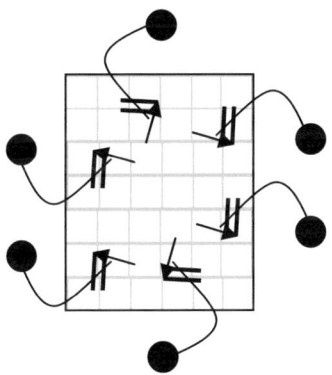

Anschliessend können die Karten auf dem Tisch oder an der Pinnwand (Seite 36) nach Schwerpunkten geordnet werden.

Diese Methode führt zu einem Zeitgewinn und der Einzelne ist stärker gefordert, mitzuwirken.

Sitzungen verbessern

Die PMI-Methode (Checkliste 11, Seite 141)

Edward de Bono, der führende Lehrer des kreativen Denkens, hat etliche Kreativmethoden entwickelt, die leicht und mit wenig Aufwand anzuwenden sind[11].

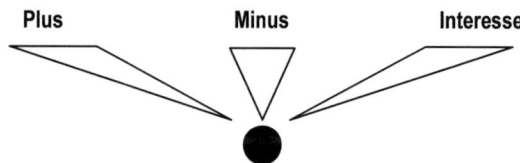

Plus   **Minus**   **Interesse**

Auf den ersten Blick wirkt die PMI-Methode banal, geht es doch „nur" darum, eine Frage bzw. Problemstellung nach den Kriterien „Plus", „Minus" und „Interesse" zu beantworten. Grundlage dieser Methode ist aber die Erkenntnis, dass wir normalerweise viel zu schnell urteilen und uns auf die nächstliegende Möglichkeit beschränken. Mit PMI gehen wir die Fragestellungen objektiv und unter einem breiten Blickwinkel an, indem wir fragen:

1. „Was spricht dafür?" (Plus)
2. „Was spricht dagegen?" (Minus)
3. „Es wäre interessant zu wissen, ob…" (Interesse)

Bereiten Sie Blätter (CL 11, Seite 141) mit den drei Fragen vor, verteilen Sie diese im Bedarfsfall an die Teilnehmer und geben Sie ein paar Minuten Zeit. Anschliessend betrachten Sie gemeinsam die Ergebnisse und gewichten Sie die Argumente.

---

[11]   de Bono, E.: „De Bonos neue Denkschule - Kreativer denken, effektiver arbeiten, mehr erreichen", München: mvg 2010

Methode x-3-5 (Brainwriting)

Bei dieser Methode erhält jeder Teilnehmer ein Blatt, auf dem die Fragestellung zu lesen ist. **x** steht für die Teilnehmerzahl (x ≤ 6), **3** für drei Fragen und **5** für fünf Minuten. Sind mehr als sechs Teilnehmer anwesend, sollten sie in zwei oder mehr Gruppen aufgeteilt werden, dauert doch die Methode des Ideensammelns bei sechs Teilnehmern eine halbe Stunde (6 x 5 Minuten).

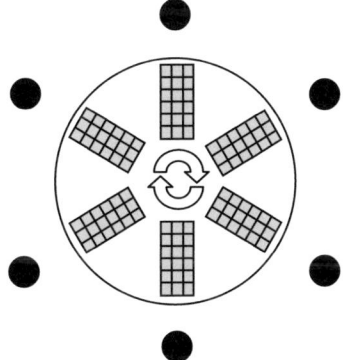

Nachdem jeder Teilnehmer innerhalb der ersten fünf Minuten seine drei Vorschläge formuliert hat, werden die Blätter im Uhrzeigersinn weitergegeben. Nachdem die drei Statements gelesen sind, fügt der Teilnehmer wiederum drei Gedanken an oder denkt die bereits aufgeschriebenen Gedanken weiter, dann wird das Blatt nach fünf Minuten wieder weitergereicht.

Es müssen in jedem Fall drei Gedanken pro Durchgang auf das Blatt geschrieben werden, selbst wenn diese auf Anhieb nicht sehr geistreich erscheinen sollten.

Sitzungen verbessern

Die sechs Hüte [12]   (Checkliste 14, Seite 144)

Erstmals vorgestellt hat Edward de Bono diese Methode in Texas, wo er mit sechs verschiedenfarbigen Cowboy-Hüten daherkam. Hierbei handelt es sich um eine Erweiterung der PMI-Methode, die sich zunutze macht, dass der Mensch unterschiedliche Rollen einnehmen kann.

Wiederum wird ein Problem unter verschiedenen Blickwinkeln angegangen, wobei jeder „Denkhut" eine bestimmte Farbe hat und symbolhaft für eine bestimmte Denkhaltung steht. Zuerst wird die Fragestellung geklärt. Anschliessend können durch Brainstorming oder mittels Kartenabfrage zu jedem „Hut" die Meinungen der Teilnehmer erfasst werden.

1. Weisser Hut

Hierbei werden **objektiv** nur Fakten und Daten zum Thema gesammelt.

2. Roter Hut

Der rote Hut steht für **Emotionen**. Es geht um die Frage, was unsere Gefühle zum Thema zu sagen haben.

---

[12]   de Bono, E.: „Six thinking hats". London: Penguin, 1990.

3. Schwarzer Hut

Der schwarze Hut entspricht dem „Minus" der PMI-Methode. Was ist **negativ**? Welche Gefahren, Unwägbarkeiten und Risiken sind zu beachten bzw. vorhanden? Was spricht dagegen? Die Fragestellung wird pessimistisch angegangen.

4. Gelber Hut

Der gelbe Hut entspricht dem „Plus" der PMI-Methode. Was ist **positiv**? Welche Chancen eröffnen sich. Die Fragestellung wird optimistisch angegangen.

5. Grüner Hut

Der grüne Hut gilt der Suche nach Alternativen. Kreativität und Fantasie sind gefragt. Welche neuen Ideen und kreativen Einfälle haben wir zum Thema? Was könnte man ggf. ganz anders machen?

6. Blauer Hut

Der blaue Hut schliesslich dient dazu, alles aus der übergeordneten Warte anzusehen. Wie lassen sich alle Gedanken zusammenfassen? Wurden alle Hüte gleich stark berücksichtigt? Welche Konsequenzen sind zu ziehen? Wohin führt uns die ganze Übung?

Versuchen Sie einmal, ein Thema in der Gruppe nach den sechs Hüten anzugehen. Sie werden über die Ergebnisse verblüfft sein.

Fischgräten-Diagramm (Checkliste 12, Seite 142)

Das Fischgräten-Diagramm ist ein ideales Werkzeug, um Ursachen und Wirkungen eines Problems bzw. einer Fragestellung nach den sechs M-Kriterien (Mensch, Methoden, Material/Einrichtungen, Moneten/Geld, Milieu/ Umwelt, Management/Verhalten) zu gliedern und zu prüfen. Ein Vorteil liegt zudem darin, dass in einem zweiten Schritt (rot) auch die Ursachen eruiert bzw. Lösungsmöglichkeiten aufgezeigt werden können.

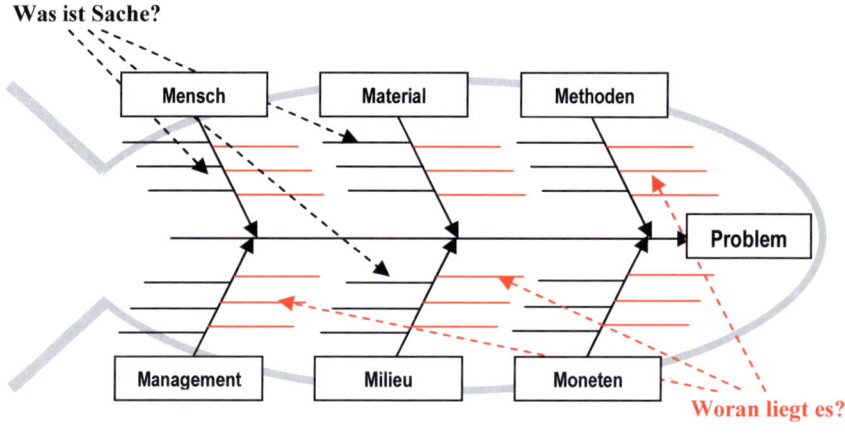

Anhand eines einfachen Problems („Kein Toast vorhanden") lässt sich der Nutzen eines Fischgräten-Diagramms einfach darstellen (siehe gegenüber liegende Seite).

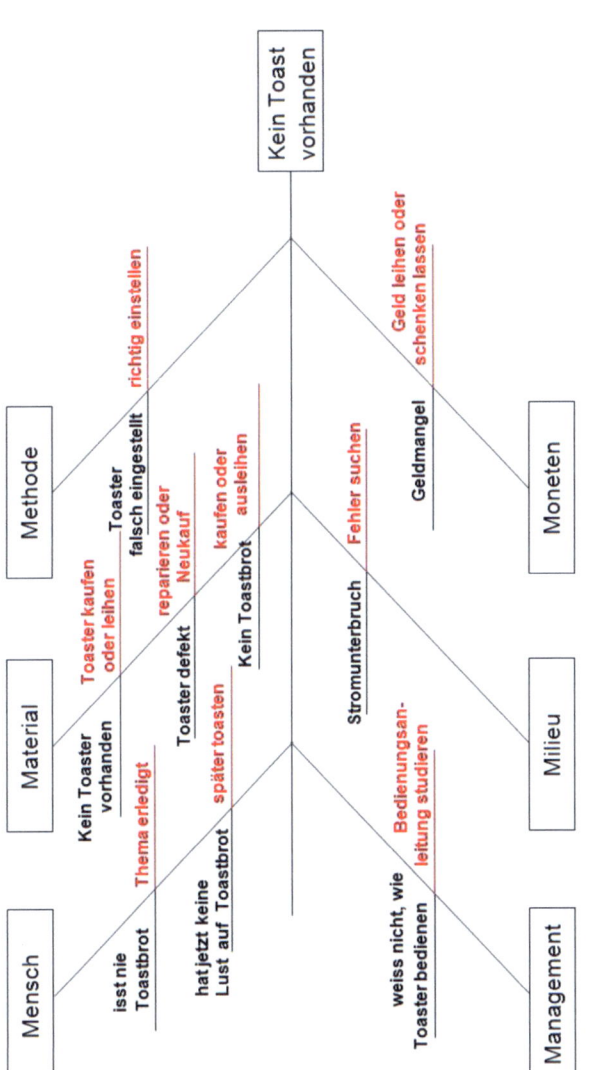

Kein Toast vorhanden

Mensch

Material

Methode

isst nie Toastbrot

Thema erledigt

Kein Toaster vorhanden

Toaster kaufen oder leihen

Toaster falsch eingestellt

richtig einstellen

hat jetzt keine Lust auf Toastbrot

Toaster defekt

reparieren oder Neukauf

später toasten

Kein Toastbrot

kaufen oder ausleihen

weiss nicht, wie Toaster bedienen

Bedienungsanleitung studieren

Stromunterbruch

Fehler suchen

Geldmangel

Geld leihen oder schenken lassen

Management

Milieu

Moneten

Fischgrätendiagramm zum Problem „**Kein Toast vorhanden**"
(ohne Anspruch auf Vollständigkeit)

5

Sitzungen verbessern

Morphologischer Kasten (Ideenraster)

Wenn das Problem annähernd bekannt ist, kann ein Ideenraster vorbereitet werden. Nachdem die „erwünschten Funktionen" („Was will ich haben?") in Spalte 1 festgelegt sind, können in Spalte 2, 3, 4 ... zusammen mit den Mitarbeitern die Möglichkeiten der Funktionserfüllung („Welche Möglichkeiten stehen uns zur Verfügung?" beantwortet werden (Checkliste 13, 143).

Nach der Sammlung der Begriffe werden diese nach Priorität gekennzeichnet. Im letzten Schritt werden mögliche Massnahmen definiert.

Tabelle 5.2   Beispiel Verbesserung Sitzungen

Morphologischer Kasten	Verbesserung Sitzungen		
Erwünschte Funktion	**Möglichkeiten der Funktionserfüllung**		
Mitarbeiter motivieren	Buch „Der Sieg des Sitzfleisches" schenken		
Sitzungsleiter entlasten	Zeitüberwacher ausprobieren		Ausgleicher ausprobieren
Disziplin verbessern	A.A.N.(N).-Technik anwenden	Ordnungsanträge schulen und vereinbaren	
Qualität der Sitzung klären	Kurzumfrage einführen		Themenzentrierte Interaktion probieren

Entscheidungsfindung

Die meisten Fehler im Entscheidungsprozess geschehen, weil man sich nicht überlegt, ob die zu treffende Entscheidung grundsätzlicher Art ist, oder ob es sich um einen Ausnahmefall handelt.

Grundsatzproblem oder Einzelfall?

In einem mittelständischen Unternehmen (Autoreparaturwerkstätte) möchte ein Mitarbeiter weiterhin 100 % arbeiten, dies aus familiären Gründen jedoch nur von Montag bis Donnerstag. Das heisst, er würde jeden Tag zwei Stunden länger arbeiten. Ohne langes Überlegen gestattete der Firmenbesitzer dies dem Mitarbeiter.

Es ging nicht lange, so zeigte sich, dass der Firmeninhaber in der Meinung, damit einem Mitarbeiter eine Ausnahmegenehmigung erteilt zu haben, einen Grundsatzentscheid gefällt hatte.

Weitere Mitarbeiter wollten nun diese Möglichkeit auch nutzen, was natürlich von den Arbeitsabläufen her nicht ging. Ihnen wurde diese Möglichkeit deshalb nicht eröffnet. Es ging nicht lange, dann häuften sich die Klagen. Der „bevorzugte" Mitarbeiter würde die Pausen „voll ausnutzen", komme zu spät und ginge zu früh, usw.

Dem Inhaber blieb nichts anderes übrig, als auf seinen Entscheid zurückzukommen,

Wo lag der Fehler? – Der Inhaber hatte nicht bedacht, dass dieses „Arbeitszeitmodell" durchaus attraktiv ist und Begehrlichkeiten auch bei den übrigen Mitarbeitern wecken könnte. Hätte er dies vor der Entscheidung nach dem Motto „Was spricht gegebenenfalls dagegen?" in Ruhe überlegt, hätte er sich etlichen Ärger und Frust für die Mitarbeiter und sich ersparen können…

Sitzungen verbessern

Gute Entscheidungen teffen Sie, wenn Sie nach folgendem Verfahren vorgehen:

1. Bestimmen Sie das Problem präzise: *„ Worum geht es? "*

   Stellen Sie fest, ob es sich um ein Grundsatzproblem oder eine Ausnahmesituation (echter Einzelfall) handelt:

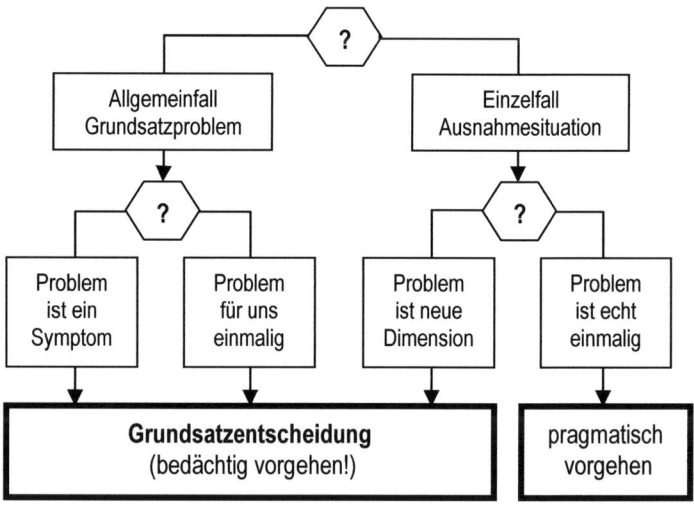

Beispiele:

- Der Todesfall unserer 5 Jahre alten Tochter Noëmi am 13.09.1991 war ein „echt einmaliges Problem". Während ihrer letzten Tage auf der Intensivstation durfte ich deshalb in der Firma kommen und gehen, „wie ich wollte" – und alle hatten Verständnis dafür.

- Der Terroranschlag auf das World Trade Center in New York am 11.09.2001 war zwar einmalig, ist aber als „Problem einer neuen Dimension" zu bewerten.

- Die in manchen Organisationen alljährlich wieder kehrenden Probleme der Urlaubszuteilung in den Schulsommerferien sind „ein Symptom".

- Das Angebot einer Firmenübernahme darf als ein für die betroffene Firma „einmaliger Vorgang" bewertet werden.

Die falsche Bestimmung des Problems ist bei der Entscheidungsfindung in der Regel die grösste Schwierigkeit.

Oft wird, vor allem auch aus Zeitmangel, ein Problem zwar plausibel, aber unvollständig oder nur teilweise richtig definiert.

2. Spezifizieren Sie die Anforderungen („Grenzbedingungen"), welche die Entscheidung erfüllen muss: *„Was soll erreicht werden?"*

Das Minimum an Anforderungen, welche die Entscheidung zu erfüllen hat, muss klar und präzise definiert werden

Wenn eine Entscheidung nicht einmal das definierte Minimum erfüllt, darf sie gar nicht getroffen werden.

3. Suchen Sie nach Alternativen: *„Welche Optionen haben wir?"*

Begnügen Sie sich nicht mit der offensichtlichsten Variante

Vergessen Sie die „Nullvariante" nicht („Was geschieht, wenn wir gar nichts tun?")

 Gehen Sie von dem aus, was richtig ist, und nicht von dem, was annehmbar erscheint.

4. Durchdenken Sie die Risiken jeder Alternative: *„Welche Folgen entstehen?"*

Stellen Sie sich die folgenden Fragen im Hinblick auf die einzugehenden Risiken:

1. Können wir es uns leisten, dieses Risiko einzugehen?

2. Können wir es uns leisten, dieses Risiko nicht einzugehen?

5. Fassen Sie jetzt den Entschluss: *„Welche Entscheidung treffen wir?"*

Wenn Sie alle die Schritte 1 bis 5 sorgfältig gegangen sind, können Sie nun ruhigen Gewissens entscheiden. Beachten Sie aber: es gibt viele Menschen – auch Führungskräfte – die selbst jetzt noch nicht entscheiden.

Sitzungen verbessern

Die Unfähigkeit zu entscheiden ist eine bei Führungs-kräften häufig anzutreffende Schwäche.

Da die meisten Entscheidungen sich um Grundsatzprobleme drehen, sollten sie mit Bedacht getroffen werden. Es lohnt sich, gegebenenfalls noch einmal „darüber zu schlafen". Auch die so genannte „innere Stimme" darf, ja soll beachtet werden.

6. Sorgen Sie für die Durchführung der Entscheidung: *„Packen wir es an!"*

   Die Ausführung der Entscheidung ist der zeitraubendste Teil des Prozesses. Den meisten Richtlinien über geschäftliche Dinge fehlen konkrete Ausführungs-bestimmungen.

Legen Sie stets schriftlich fest: WER macht WAS bis WANN WIE und WOMIT mit WEM?

Vergessen Sie nie: eine Entscheidung endet nicht mit dem Entschluss, sondern mit dessen Durchführung.

Alle – vor allem aber die Führungskräfte! - haben sich an die Entscheidung zu halten. Oft wird in der Praxis leider die höchste Auszeichnung denen zuteil, die sich nicht an die gefassten Beschlüsse halten.

5 Sitzungen verbessern

7. Etablieren Sie ein Feedback: *„Gehe hin und schaue nach!"*

Die Militärs wissen es: Wirkungslosigkeit ist das Schicksal der meisten Befehle. Die einzige zuverlässige Rückkopplung liegt darin, selbst hinzugehen und nachzusehen

Auch wenn es modern ist, das Gegenteil zu behaupten: Vertrauen ist gut, Kontrolle ist besser.

Hinzugehen und selbst nachzusehen ist nicht nur der beste, sondern auch der einzige Weg, um zu prüfen, ob die Voraussetzungen, die einer Entscheidung zugrunde gelegt wurden, noch gültig oder schon veraltet sind.

Bauen Sie die Rückkopplung, das Feedback, auf die Gegenüberstellung mit der Wirklichkeit auf.

Merken Sie sich zum Thema *„Kontrollieren"* noch:

1. Kontrollieren Sie Ergebnisse, nicht das Verhalten

2. Machen Sie nur so viel „Fremdkontrolle" wie nötig, lassen Sie die Mitarbeiter sich selbst kontrollieren

3. Machen Sie Stichproben-Kontrolle, nicht Voll-Kontrolle

4. Vereinbaren Sie Kontrollen als „Bringschuld"

5. Vereinbaren Sie Zwischenkontrollen („Meilensteine")

6. Machen Sie „Management by Exception": wo alles rund läuft, braucht es keine Kontrollen

Entscheiden – einmal anders

Gerne stelle ich Ihnen hier einen etwas anderen Weg zur Entscheidungsfindung vor. Dieser lässt sich in Sitzungen durchaus umsetzen.

1. Lassen Sie durch die Teilnehmer alle Argumente, die für die zu treffende Entscheidung sprechen, auf Karten schreiben.

2. Sammeln Sie diese Karten ein.

3. Lassen Sie nun durch die Teilnehmer alle Argumente, die gegen die zu treffende Entscheidung sprechen, auf Karten schreiben.

4. Sammeln Sie diese Karten ein und geben Sie den Teilnehmern eine Kurzpause von fünf Minuten.

5. Heften Sie auf eine Pinnwand alle Karten, die für, und auf eine andere Pinnwand all Karten, die gegen die zu treffende Entscheidung sprechen.

6. Lassen Sie nach der Pause alle Teilnehmer alle Karten in Ruhe lesen.

7. Bitten Sie schliesslich die Teilnehmer, sich zu entscheiden und sich entweder vor die Pinnwand mit den Karten, die für oder vor die Pinnwand mit den Karten, die gegen die zu treffende Entscheidung sprechen, zu stellen.

8. Zählen Sie die Personen vor jeder Pinnwand und Sie haben die Entscheidung der Gruppe.

Sitzungen verbessern

Tabelle 5.2 Checkliste „Entscheiden / Kontrollieren"

Diese zusammenfassende Checkliste (CL 10, Seite 140) kann Ihnen gute Dienste leisten:

1. Worum geht es – wirklich?	
☐ Grundsatzproblem	☐ Einzelfall
Fakten ?	....
Vermutungen ?	....
2. Was soll erreicht werden?	
Minimalanforderung ?	....
Optimalanforderung ?	....
3. Welche Optionen haben wir?	
Varianten / Möglichkeiten / Alternativen	1.. 2.. 3..
4. Welche Folgen entstehen?	
Folgen für jede Variante:	1.. 2.. 3..
5. ENTSCHEID / BESCHLUSS	
....	
6. Packen wir's an! (Ausführungsbestimmungen)	
WER macht WAS bis WANN WIE und WOMIT mit WEM?	
7. Gehe hin und schaue nach! (Kontrollen)	
Meilenstein 1	....
Meilenstein 2	....
Meilenstein 3	....
Meilenstein 4	....

5.6 Aufmerksamkeitsförderer

Nach Pausen, „Bla, bla-Traktanden" und ähnlichen Unterbrüchen sollen die Teilnehmer geistig sofort „zurückgeholt" werden. Dies gelingt in jedem Fall mit kleinen Denksportaufgaben, die wenig Zeit benötigen, den Fokus jedoch sofort wieder auf die Sitzung richten. Hier ein paar Beispiele[13], Zeitvorgabe jeweils 2 Minuten:

Familienstreit

Eine völlig zerstrittene Familie wohnt in drei Häusern (H1, H2, H3) auf demselben Grundstück. An einem Abend kommen alle gleichzeitig nach Hause und stellen ihre Autos in die Garagen (P1, P2, P3). Wie kommen alle in ihre Häuser, ohne dass sich ihre Wege kreuzen müssen? (Lösung, siehe Seite 110).

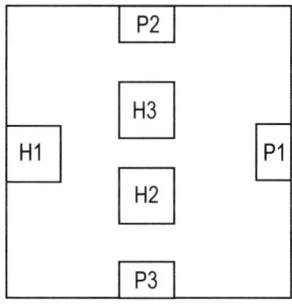

---

[13] Für solche Übungen sind die Kartensammlungen der „Pocket Quiz"-Reihe zu empfehlen (siehe Literaturverzeichnis)

5 Sitzungen verbessern

Streichholzübungen [14]

Zwei Streichhölzer sollen so verlegt werden, dass man sechs Dreiecke erhält (Lösung, siehe Seite 110).

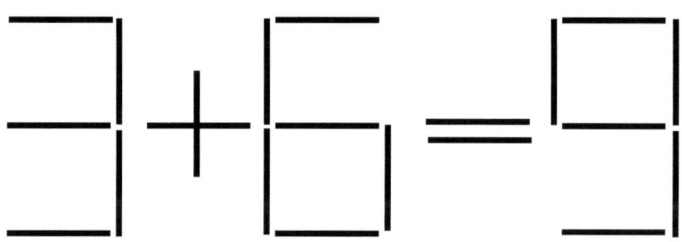

Durch Verändern eines Zündholzes erhält man eine weitere Gleichung, die richtig ist.

(Löungen, siehe Seite 110).

---

[14] Aus: „Streichholzspiele – Eine kleine Geometrie des Vergnügens", Frankfurt/Main: Insel, 1994.

Sitzungen verbessern **5**

Die vier Hüte

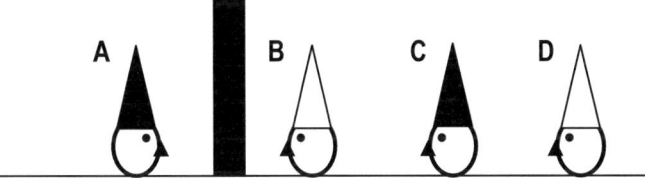

Vier Personen sind bis zum Kopf eingegraben und können sich nicht bewegen. Sie wissen, dass sie alle einen Hut tragen, sie wissen ferner, dass zwei Hüte schwarz und zwei Hüte weiss sind. Zwischen A und B ist eine Wand, so dass A die Personen B, C und D nicht sehen kann (und umgekehrt). Eine der Personen B, C und D soll ihre Hutfarbe nennen. Schafft er dies, sind alle Personen frei, schafft er es nicht, müssen alle vier Personen sterben.

(Lösung, siehe Seite 108).

Sie werden sehen, solche Denksportaufgaben machen Spass und fördern die Konzentration der Teilnehmer auf die zu bearbeitenden Themen[15].

Kinder pflegen übrigens solche Denksportaufgaben viel rascher zu lösen als Erwachsene, weil ihnen die „Erfahrung" fehlt.

---

[15] Denksportaufgaben finden Sie auch im Internet, z.B. bei www.denksport.de, oder www.denksport-ecke.de.

Sitzungen verbessern

Lösungen der Denksportaufgaben:

Familienstreit

Streichhölzer

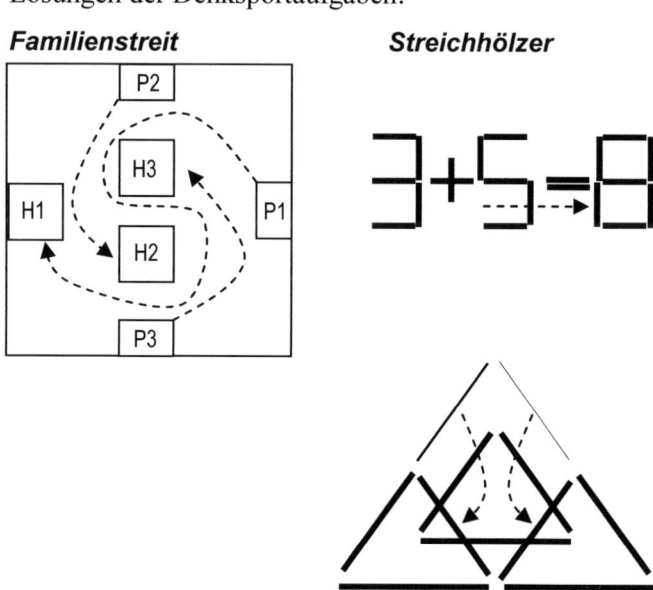

6 Dreiecke

Die vier Hüte

Sieht D zwei gleichfarbige Hüte, so weiß er, dass er einen andersfarbigen Hut aufhat und sagt seine Hutfarbe. Sieht er hingegen zwei unterschiedlich farbige Hüte, so schweigt er, weil er nichts über seine Hutfarbe aussagen kann.

Durch das Schweigen kann C entnehmen, dass er und B zwei unterschiedlich farbige Hüte aufhaben. Sein Hut hat dann die Farbe, die der Hut von B nicht hat. Er sagt dies und sie sind alle gerettet.

Sitzungen verbessern 5

5.7   Und was tut der Körper?

Wenn wir im Zoo unsere nächsten zoologischen Verwandten, die Menschenaffen betrachten, dürfte allen klar werden: Der Mensch ist nicht zum Sitzen geschaffen. Und doch: Menschen, die regelmässig an Sitzungen teilnehmen, verbringen normalerweise 85% ihres Tagewerkes auf ihrem Sitzfleisch.

Somit tun wir uns Gutes, wenn wir in Sitzungen kurze Pausen nutzen, den Körper etwas zu entspannen, zu dehnen und zu lockern.

Übungen in der Gruppe

Folgende einfache Übungen können jederzeit in eine Sitzung eingeflochten werden. Es ist verblüffend, wie aktivierend eine kurze „Sportpause" auch auf den Geist der Sitzungsteilnehmer wirken kann. Eine Übung pro Pause genügt.

Übung 1

1. Setzen Sie sich in aufrechter Haltung bequem auf ihren Stuhl.

2. Strecken Sie abwechselnd zehn Mal den linken und rechten Arm möglichst weit nach oben bzw. unten.

3. Bleiben Sie im Schulterbereich locker.

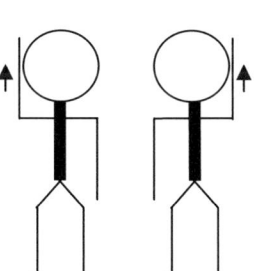

5 Sitzungen verbessern

Übung 2

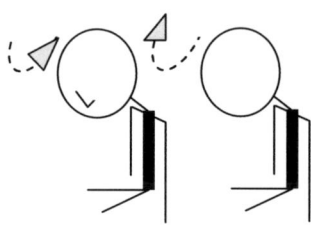

1. Setzen Sie sich in aufrechter Haltung bequem auf ihren Stuhl.
2. Lassen Sie den Kopf nach vorne fallen.
3. Drehen Sie ihren Kopf abwechslungsweise zehn Mal nach rechts und nach links, jeweils so, dass Sie im Nacken eine Dehnung spüren.

Variante: Machen Sie dieselbe Übung, indem Sie den Kopf zunächst nach hinten fallen lassen.

Übung 3

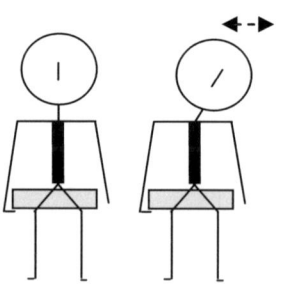

1. Setzen Sie sich aufrecht hin und fassen Sie mit der rechten Hand seitlich die untere Sitzkante.
2. Verlagern Sie den Oberkörper zur Gegenseite und neigen sie den Kopf dann seitlich weiter, bis Sie eine Dehnung spüren. Verweilen Sie kurz in dieser Haltung.
3. Wiederholen Sie die Übung zehn Mal und machen Sie dieselbe Übung anschliessend auf die andere Seite.

Übung 4

1. Sitzen Sie aufrecht, legen Sie beide Hände an den Nacken. Die Ellbogen sind seitlich nach aussen gerichtet.

2. Bewegen Sie die Ellbogen langsam nach hinten. Die Hände bleiben locker am Nacken angelegt.

3. Schauen Sie stets gerade aus und bleiben Sie einen Augenblick in der gedehnten Endstellung.

4. Gehen Sie zurück in die Ausgangsstellung und wiederholen Sie die Übung zehn Mal.

Übung 5

1. Sitzen Sie aufrecht und lassen Sie ihre Arme zwischen den Oberschenkeln nach unten hängen.

2. Beugen Sie den Oberkörper nach vorne und lassen ihn zusammen mit dem Kopf nach unten hängen.

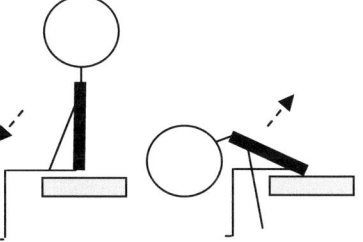

3. Richten Sie sich nun langsam, Wirbel für Wirbel wieder auf, bis Sie wieder aufrecht sitzen. Wiederholen Sie die Übung zehn Mal.

5 Sitzungen verbessern

Übung 6

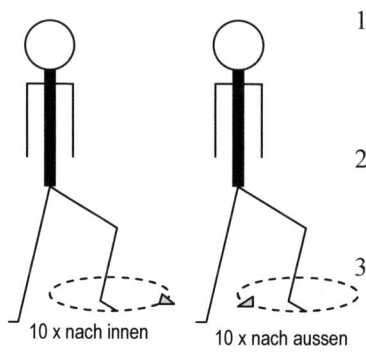

10 x nach innen   10 x nach aussen

1. Stehen Sie aufrecht, winkeln Sie das linke Bein leicht an und formen Sie mit ihrem linken Fuss, nach innen drehend, zehn Mal einen Kreis.

2. Formen Sie anschliessend mit dem linken Fuss, nach aussen drehend, zehn Mal einen Kreis.

3. Wiederholen Sie die Übung mit dem rechten Bein.

Übung 7

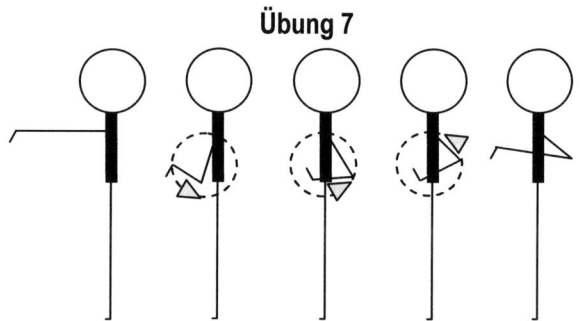

1. Strecken Sie die Arme parallel nach vorne und machen Sie eine leichte Faust.

2. Ziehen Sie die Arme nun die Ellbogen nach hinten und drehen Sie die Fäuste, so, dass sie mit dem Handrücken nach unten auf Höhe ihrer Hüfte zum Stehen kommen.

3. Strecken Sie die Arme nun wieder nach vorne in die Ausgangslage und wiederholen Sie die Übung zehn Mal.

Übung 8

1. Stellen Sie sich gerade hin und stützen Sie sich mit ihren Händen im Bereich der Lenden.

2. Drücken Sie ihren Rücken ins Hohlkreuz, die Beine bleiben gestreckt.

3. Machen Sie ihren Rücken wieder gerade und wiederholen Sie diese Übung zehn Mal.

Übung 9

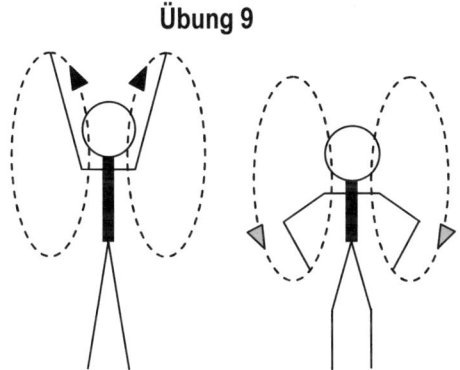

1. Stellen Sie sich gerade hin und strecken Sie ihre Arme nach oben. Bleiben Sie im Schulterbreich locker.

2. Nun drehen Sie ihre ausgestreckten Arme kreisförmig nach unten und gehen leicht in die Knie.

3. Anschliessend steigen Sie, die Arme kreisförmig weiterbewegend, wieder nach oben und strecken sich.

4. Nach zehn Mal wiederholen Sie die Übung in die andere Richtung.

5 Sitzungen verbessern

Übung 10

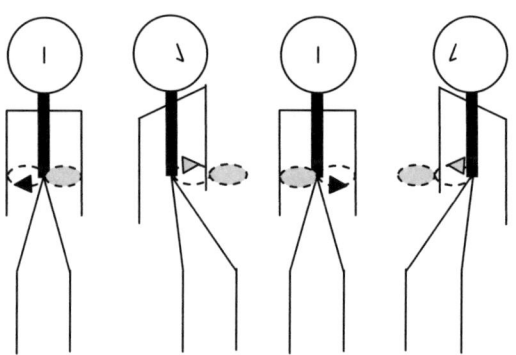

1. Stellen Sie sich mit leicht gespreizten Beinen aufrecht hin.

2. Drehen Sie sich nun in der Hüfte und bilden Sie in der Bewegung eine Acht.

3. Wiederholen Sie diese Übung zehn Mal und machen Sie die Übung anschliessend zehn Mal in die andere Richtung.

Es ist leider nicht davon auszugehen, dass sich jeder Sitzungsleiter dazu bewegen lässt, die Sitzung mit solchen Übungen aufzulockern. Dies ist kein Grund zur Frustration.

Nachstehend finden Sie einige Übungen, die Sie während jeder Sitzung lustvoll und unbemerkt ausführen können.

Sitzungen verbessern

Privatübung 1

1. Nehmen Sie ein Blatt Papier und formen Sie daraus einen Ball.

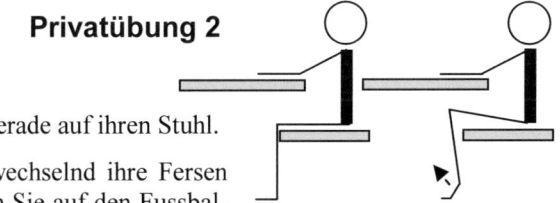

2. Drücken Sie den Ball nun mit der linken Hand unter dem Tischblatt zehn Mal stark zusammen und öffnen Sie nach jedem Drücken die Faust zur Lockerung.

3. Wiederholen Sie die Übung mit der rechten Hand. (Es geht notfalls auch ohne Papier...)

Privatübung 2

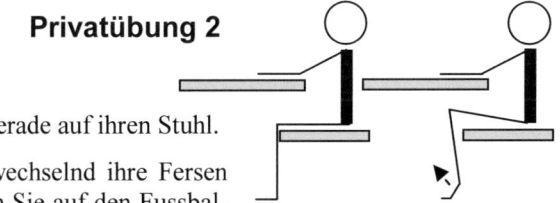

1. Setzen Sie sich gerade auf ihren Stuhl.

2. Drücken Sie abwechselnd ihre Fersen nach oben, indem Sie auf den Fussballen stehen.

3. Halten Sie die Anspannung in der Wade während einigen Sekunden und wiederholen Sie die Übung mit jedem Fuss zehn Mal.

Privatübung 3

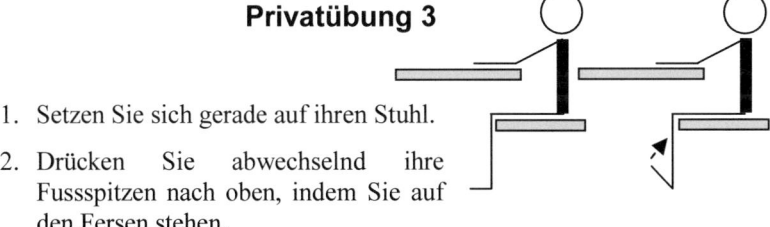

1. Setzen Sie sich gerade auf ihren Stuhl.

2. Drücken Sie abwechselnd ihre Fussspitzen nach oben, indem Sie auf den Fersen stehen.

3. Halten Sie die Anspannung während einigen Sekunden und wiederholen Sie die Übung mit jedem Fuss zehn Mal.

5   Sitzungen verbessern

Privatübung 4

1. Setzen Sie sich gerade auf ihren Stuhl.

2. Machen Sie für einige Sekunden ein hohles Kreuz und halten Sie die Anspannung.

3. Erschlaffen Sie wieder und wiederholen Sie die Übung zehn Mal.

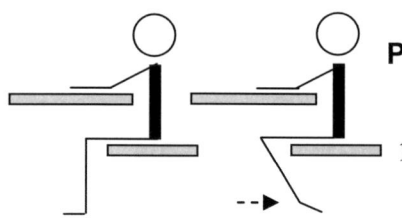

Privatübung 5

1. Setzen Sie sich gerade auf ihren Stuhl.

2. Biegen Sie den rechten Unterschenkel nach hinten und legen Sie den Fuss mit dem Fussrücken auf den Boden.

3. Halten Sie einen Augenblick die Spannung und wiederholen Sie die Übung zehn Mal.

4. Wiederholen Sie die Übung mit dem linken Bein.

Für mich zumindest wirken solche Übungen, die weitgehend unbemerkt durchgeführt werden können, entspannend.

5.8 Notebook und Mobiltelefon – notwendige Übel?

Wir leben im Zeitalter des elektronischen Büros – dies wird zumindest vielfach behauptet. Oft werden die zu den einzelnen Tagesordnungspunkten zugehörigen Dokumente über E-Mail an die Teilnehmer versandt. Das ergibt je nach Situation „Papierhaufen" von beträchtlichem Umfang. Ich gehöre auch zu denen, die Sitzungsunterlagen in der Regel nicht ausdrucken, sondern in meinem Notebook verfügbar halten.

Die Gefahr besteht allerdings, dass sich das Notebook zum idealen Zeitvertreiber in langweiligen Sitzungen mausert. So gilt es zwei Dinge zu beachten:

1. Sorgen Sie dafür, dass die Sitzungen nicht langweilig sind.

2. Unterbinden Sie den „Missbrauch" elektronischer Geräte während der Sitzung.

Gegen Notebooks ist in Sitzungen solange nichts einzuwenden, als sie als Werkzeug für die Sitzung gebraucht werden.

Falls Sie als Sitzungsleiter feststellen, dass Notebooks in der Sitzung „zweckentfremdet" benutzt werden, zögern Sie nicht, deren Gebrauch zu verbieten.

5 Sitzungen verbessern

Wie haben wir nur vor fünfundzwanzig Jahren gelebt? Heute erleben viele Menschen Entzugserscheinungen und erleiden Stresssymptome, wenn sie das Mobiltelefon für einmal nicht in unmittelbarer Nähe verspüren.

Nun, im Hinblick auf Sitzungen gilt ganz klar: Mobiltelefone sind abzuschalten. In Notfällen ist jeder Teilnehmer einer Sitzung erreichbar. Dazu braucht er kein Handy auf Empfang.

Wenn wir davon ausgehen, dass jede Störung zu einer Ablenkung führt, und wir nachher einige Augenblicke benötigen, um uns wieder auf das zu konzentrieren, was uns ursprünglich beschäftigt hat, dann sollten wir für die Zeit einer Sitzung problemlos auf diesen Gegenstand des täglichen Gebrauchs verzichten können. Dies durchzusetzen ist Sache des Sitzungsleiters.

 Es gibt keinen plausiblen Grund, ein Mobiltelefon während der Sitzung angeschaltet zu belassen. Setzen Sie deshalb als Sitzungsleiter durch, dass alle Geräte abgeschaltet sind.

MACH es jetzT

6

„Wenn der Wind der Veränderung weht, bauen die einen Mauern und die anderen Windmühlen".

(China)

Gratulation! – Sie haben sich bis zu dieser Seite durchgearbeitet. Wie weiter?

Total Quality Management ist die Verpflichtung des Managements und der Mitarbeiter, die Qualität von Produkten und Dienstleistungen – in unserem Fall also von Sitzungen – laufend zu optimieren.

Viele Menschen erfinden Vorbehalte und *„Bei uns geht das nicht"*- Ausreden, nur um sich nicht ändern zu müssen. Das sind die „Erbauer der Mauern" im angeführten Sinnspruch. Als grundsätzlich optimistischer Mensch gehe ich davon aus, dass diese Typen das Buch schon gar nicht bis hierher gelesen haben. Sofern sie es gekauft haben, freue ich mich dennoch, dass sie wenigstens einen kleinen Beitrag an mein bescheidenes Autorenhonorar leisten.

Ich wende mich hier also noch kurz an die „Windmühlenbauer" – jene Menschen also, zu denen **Sie** zählen und die offen, neugierig und bereit sind, täglich neue Wege zu gehen.

Ihnen, liebe Leserin, lieber Leser, gilt mein Rat: Schieben Sie das Gelesene nicht auf die lange Bank. Der erste Schritt im Qualitätsmanagement heisst stets: Definiere und dokumentiere als smartes Ziel[16], was Du tun willst (vgl. PDCA-Kreis, Seite 73). Definieren Sie die Ziele, die zur Verbesserung Ihres Sitzungsmanagements nötig sind, nach ihren eigenen Prioritäten.

---

[16]   smart = **s**pezifisch, **m**essbar, **a**ktionsorientiert, **r**ealistisch, **t**erminiert

6 MACH es jetzT

Und dann geht es los: Beginnen Sie sofort mit der Umsetzung und lassen Sie sich von denen, die zu allem *„Das geht nicht"* sagen, nicht ins Bockshorn jagen.

Mit anderen Worten:

Machen Sie aus dem „Sieg des Sitzfleisches über das Gehirn" den **„Triumph des Gehirns über das Sitzfleisch!"**

Machen Sie es jetzt – darin liegt Ihre Macht!

In diesem Sinn, herzlichst, Ihr

Ps. Es gehört heute zum guten Ton, darauf hinzuweisen, dass ein Buch „nur um der besseren Lesbarkeit willen in der männlichen Form" geschrieben wurde – wahrer Grund, siehe Seite 85.

Mein nächstes Buch **„FEUER – praxisorientiert motivieren"** – es soll auch noch 2011 erscheinen – wird konsequent in der weiblichen Form geschrieben sein. Wetten, dass es genauso gut lesbar ist?

Checklisten   **C**

Nachstehend aufgeführte Checklisten können Sie als Sammlung von Word-Dokumenten im Format A4 unter folgender Adresse aus dem Internet herunterladen:

http://www.jumeba.ch/sitzung/CL.zip

SITZUNG vom _____

Ort	Beginn	Ende

Teilnehmerzahl	Raum (Grösse)	Tisch	Medien
... Interne ... Externe ... VIPs	□1 Raum Gruppenraum □1 □2 □3 □ Akustik i.O. □ Mikrofone □ Tageslicht □ Belüftung	□ rund □ Viereck □ Sechseck □ U-förmig □ Schulklasse □	□ Beamer □ Hellraumprojektor □1 □2 Flipchart □1 □2 Pinnwand □ Medienkoffer □ Videokonferenz □ ....
Getränke	Pausen	Verpflegung	Unterkunft
□ Mineral mit Kohlensäure □ Mineral ohne Kohlensäure □	□ Gebäck □ Früchte □ Kaffee □ Tee □	□ Mittagessen □ Nachtessen □	□ Hotel organisieren für .... Personen
Erreichbarkeit	Umgebung	Programme	Rahmenprogramm
□ individuell zu regeln □ sicherstellen	□ Toiletten □ Erreichbarkeit □ Parkplätze □ Erreichbarkeit Öfftl. Verkehr	□ Allgemeine Informationen □ Anreiseplan □ Standortplan	□ Kultureller Anlass □ Erholung □ Fitness □ Partner-Programm
Geplante Methoden			Platzmaterial
□ Tischblatt-Brainstorming □ PMI □ x-3-5 □ Sechs Hüte □ Fischgräten-Diagramm □ Morphologischer Kasten □			□ Notizblock □ Bleistift □ Kugelschreiber

CL 2   Einladung

EINLADUNG ZUR SITZUNG vom _____ Ort: _____

Beginn	Uhr	Ende	Uhr

Einladung von:	
Thema:	
Ziel(e):	
Zu erwartende Ergebnisse:	

TEILNEHMER

Nr.	Name	Vorbereitungsaufgaben

BESPRECHUNGSPUNKTE

Punkt	Verantwortlicher	Thema / Aktivität	Zeitbedarf
1.			
2.			
3.			

Sitzungsleiter		Protokollführer	
Ausgleicher		Fokussierer	
Zeitüberwacher			

CL 3   Sofortprotokoll

SOFORTPROTOKOLL vom _____ (__:__ - __:__ Uhr)

Teilnehmer	
Verteiler	Teilnehmer, ...
Thema	
Ziel(e)	

ERGEBNISSE:

Punkt	Wer macht	Was	mit Wem	bis Wann	für Wen

Protokollführer: _____   **Sitzungsleiter:** _____

Sitzung	Datum, Ort	TOP	Typ (A, B, I, M)

Thema	

Executive Summary

1.   Ausgangslage

1.1   ....

....

1.2   ....

....

1.3   ....

....

2.   Ziel

2.1   ....

....

2.2   ....

....

2.3   ....

....

3.   Vorschlag des Vorsitzenden

3.1   ....

....

3.2   ....

....

Frage	schlecht ☹	Gut ☺
Die Führung der Sitzung war...	☐	☐
Ich weiss, was ich zu tun habe...	☐	☐
Ich fühle mich...	☐	☐

--------✂---------------✂------------------✂-----------------

Frage	schlecht ☹	Gut ☺
Die Führung der Sitzung war...	☐	☐
Ich weiss, was ich zu tun habe...	☐	☐
Ich fühle mich...	☐	☐

--------✂---------------✂------------------✂-----------------

Frage	schlecht ☹	Gut ☺
Die Führung der Sitzung war...	☐	☐
Ich weiss, was ich zu tun habe...	☐	☐
Ich fühle mich...	☐	☐

CL 6   Kurzumfrage

Frage	gut 😊😊	genü- gend 😊	ungenü- gend ☹	Schlecht ☹☹
Haben wir die Zeiten ein- gehalten?				
Haben wir die vorgegebenen Ziele erreicht?				
Konnte jede(r) sagen, was nötig war?				
Wie war die Gesprächsdis- ziplin?				
Gingen wir respektvoll mit- einander um?				
War die Sitzungsleitung in Ordnung?				
Liegt das Sofortprotokoll noch heute vor?				
Wie ist das persönliche Be- finden der Teilnehmenden?				

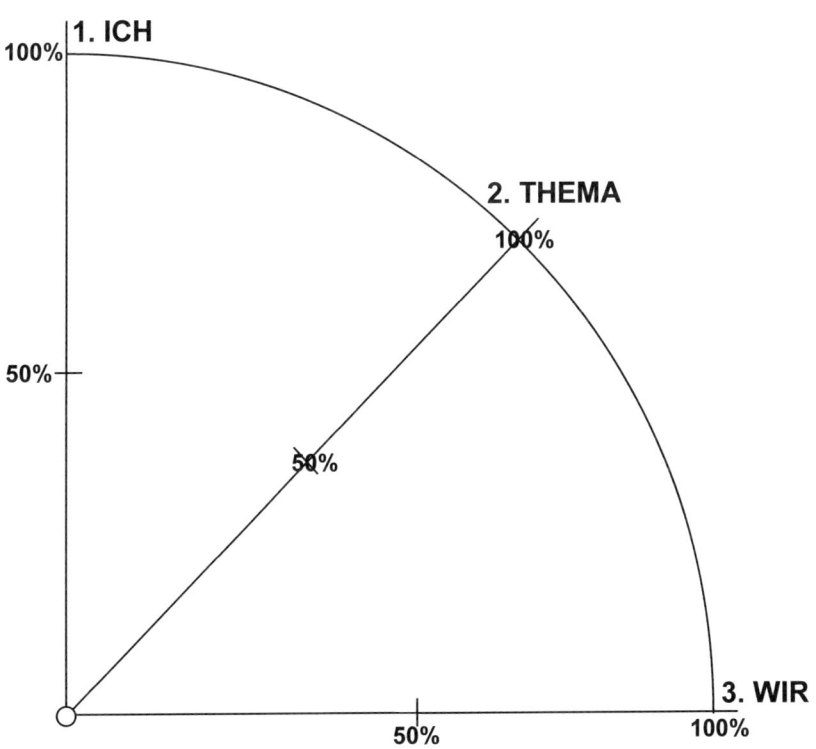

1. Wie habe ICH zur Sitzung beigetragen?

2. Wie haben wir als Gruppe zusammengearbeitet?

3. Wie zufrieden bin ich mit dem Thema und den erreichten Ergebnissen?

CL 8   Jahresrückblick

Frage	immer / gut ☺☺	oft / genügend ☺	selten / ungenügend ☹	nie / schlecht ☹☹
Zeitpunkt der Besprechung?	☐	☐	☐	☐
Klarheit der Ziele?	☐	☐	☐	☐
Sitzungsraum?	☐	☐	☐	☐
Klarheit der Tagesordnung?	☐	☐	☐	☐
Pünktlicher Beginn?	☐	☐	☐	☐
Pünktliches Ende?	☐	☐	☐	☐
Ziele erreicht?	☐	☐	☐	☐
Verhalten Sitzungsleiter?	☐	☐	☐	☐
Verhalten Teilnehmer?	☐	☐	☐	☐
Fokus auf Themen?	☐	☐	☐	☐
Teilnehmer vorbereitet?	☐	☐	☐	☐
Ausgewogene Mitwirkung?	☐	☐	☐	☐
Offenheit?	☐	☐	☐	☐
Gesprächsdisziplin?	☐	☐	☐	☐
Eindeutige Entscheidungen?	☐	☐	☐	☐
Klare Verantwortlichkeiten?	☐	☐	☐	☐
Realistische Termine?	☐	☐	☐	☐
Sofortprotokoll?	☐	☐	☐	☐
Persönliches Befinden?	☐	☐	☐	☐
....	☐	☐	☐	☐

Bemerkungen:

....

....

....

....

Datum: ....   Name: ....

Mitwirkungsgrad	Bedeutung	Beispiele
Anhörung (A)	Eine übergeordnete Instanz legt den Tagesordnungspunkt den Sitzungsteilnehmern zur Vernehmlassung vor, bevor sie definitiv entscheidet.	Vernehmlassungen im politischen Bereich Konsultativabstimmungen Parallel arbeitende Projektgruppen
Beschlussfassung (B)	Die Sitzungsteilnehmer entscheiden abschliessend, nachdem sie den Tagesordnungspunkt beraten haben.	Geschäftsleitungssitzung Politische Behörden Arbeitsgruppen mit Entscheidungsbefugnis
Information (I)	Den Sitzungsteilnehmer wird ein getroffener Entscheid zur Kenntnis gebracht.	in jedem Gremium
Meinungsbildung (M)	Die Sitzungsteilnehmer erarbeiten substanzielle Vorschläge. Die Entscheidung liegt aber bei einer übergeordneten Instanz.	Arbeitsgruppen ohne Entscheidungsbefugnis Vorbereitungsgremium für Gesellschafter- oder Mitgliederversammlung

1. Worum geht es – wirklich?	
☐ Grundsatzproblem	☐ Einzelfall
Fakten ?	....
Vermutungen ?	....

2. Was soll erreicht werden?	
Minimalanforderung ?	....
Optimalanforderung ?	....

3. Welche Optionen haben wir?	
Varianten / Möglichkeiten / Alternativen	1. .... 2. .... 3. ....

4. Welche Folgen entstehen?	
Folgen für jede Variante:	1. .... 2. .... 3. ....

5. ENTSCHEID / BESCHLUSS

....
....

6. Packen wir's an! (Ausführungsbestimmungen)

WER macht WAS bis WANN WIE und WOMIT mit WEM?
....
....

7. Gehe hin und schaue nach! (Kontrollen)	
Meilenstein 1	....
Meilenstein 2	....
Meilenstein 3	....
Meilenstein 4	....

1. PLUS: „*Was spricht dafür?*"

....

....

....

....

....

2. MINUS: „*Was spricht dagegen?*"

....

....

....

....

....

3. INTERESSE: „*Es wäre interessant zu wissen, ob...*"

....

....

....

....

....

CL 12   Fischgräten-Diagramm

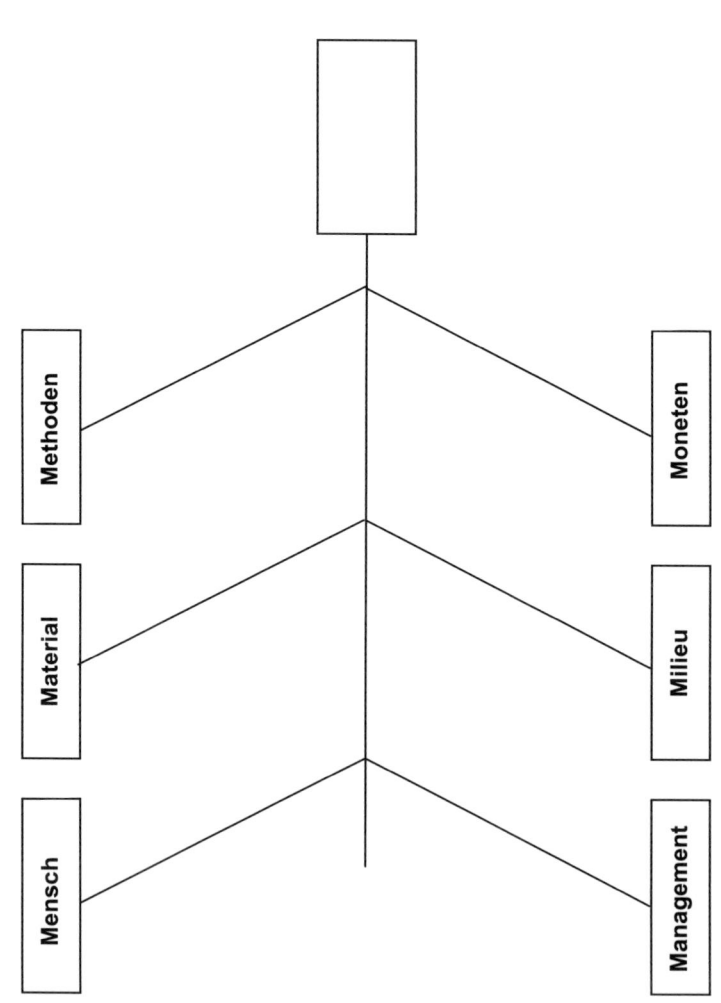

Morphologischer Kasten	**Thema**		
Erwünschte Funktion	**Möglichkeiten der Funktionserfüllung**		

CL 14   Sechs Hüte

OBJEKTIVE SICHT
- Welche gesicherten Erkenntnisse gibt es?
- Welche Daten und Zahlen stehen uns zur Verfügung?
- Wo stehen wir bei nüchterner Betrachtung?

EMOTIONALE SICHT
- Wie fühlen wir uns bei dieser Sache?
- Was sagt „unser Bauch" dazu?
- Zu welchen Einsichten kommen wir?

PESSIMISTISCHE SICHT
- Was sind die Minuspunkte?
- Welche Risiken sind zu beachten?
- Wo liegen die Schwächen?

OPTIMISTISCHE SICHT
- Was sind die Pluspunkte?
- Welche Chancen eröffnen sich?
- Wo liegen die Stärken?

KREATIVE SICHT
- Was könnte man ganz anders machen?
- Gibt es fantasievolle Varianten?
- Haben wir verrückte Ideen?

ÜBERGEORDNETE SICHT
- Sind alle Hüte gleichermassen berücksichtigt worden?
- Gibt es offene Fragen?
- Können wir entscheiden?

Literatur L

Verwendete und ausgewählte weiterführende Literatur:

Blom, Herman: Sitzungen erfolgreich managen. Weinheim: Beltz, 1999.

Bozek, Phillip: 50 Ein-Minuten-Tipps für erfolgreiche Kommunikation, S.24, Wien: Carl Ueberreuter, 1992.

Cohn, Ruth C., Klein, Irene: Grossgruppen gestalten mit themenzentrierter Interaktion, Ostfildern: Grünewald, 1993

Gracián, Baltasar: Handorakel und Kunst der Weltklugheit. Zürich: Diogenes, 2006.

Hefti, Verena: Lust auf Sitzungen! Norderstedt: Books on Demand, 2002.

Kiessling-Sonntag, Jochen: Besprechungs-Management. Berlin: Cornelsen, 2005.

Meier, Jürg: Erfolgreiche Führungsgespräche. Offenbach: Gabal, 2004.

Meier, Jürg: Chefsache Qualitätsmanagement. Norderstedt: Books on Demand, 2006.

Meier, Jürg: Das 1 x 1 es Qualitätsmanagements. Wien: Austrian Standards Plus, 2009.

Pocket-Quiz: Denksport. Kempen: Moses, 2002.

Pocket-Quiz: Gehirnjogging. Kempen: Moses, 2001.

Pocket-Quiz: Logisches Denken. Kempen: Moses, 2001.

Schuhmayer, Renate: Fit in 5 Minuten - Bürogymnastik für jeden Tag. München: Compact, 2008.

Seifert, Josef: Visualisieren, Präsentieren, Moderieren. Offenbach: Gabal, 1989.

Seifert, Josef: Besprechungen erfolgreich moderieren. Offenbach: Gabal, 2004.

Vogt, Dieter: Streichholzspiele. Frankfurt/Main: Insel, 1994.

Stichwortverzeichnis

S

S

Stichwortverzeichnis

Stichwortverzeichnis

S

S

Stichwortverzeichnis

JUMEBA® unterstützt Geschäftsführer und Führungskräfte von Unternehmen aller Branchen mit

> ➢ **Ausbildung**
> ➢ **Beratung**
> ➢ **Dokumentierung**
> ➢ **Führung**

IHR ERFOLG IST UNSER ZIEL

Der Umsetzung unserer Vision dienen die folgenden Erfolgsgrundsätze, denen wir nachleben:

- **Ehrlichkeit:** nur durch Wahrheit entsteht Vertrauen
- **Innovation**: unsere Lösungen sind Ihrer individuellen Situation angepasst
- **Marktleistung:** unsere Dienstleistungen machen Sie zum Gewinner
- **Qualität:** wir erfüllen permanent die vereinbarten Anforderungen
- **Termintreue:** wir halten Termine ein

IHR ERFOLG IST UNSER ZIEL

JUMEBA® steht für **Juerg** **Meier, Ba**sel:

JUMEBA

Prof. Dr. phil, Biologe

Titularprofessor für Zoologie, Universität Basel

Lehrbeauftragter für Qualitätsmanagement an der Fachhochschule beider Basel und am Wirtschaftswissenschaftlichen Zentrum der Universität Basel

Betriebswirtschaftliche Ausbildung:

AKAD-Zertifikate in Wirtschaft, Organisationslehre, Internationale Betriebswirtschaftslehre, Controlling, Marketing, Mittelflussrechnung.

Qualitätsmanagement:

Diplom QM-System Auditor SAQ, EOQ; Freier Mitarbeiter (Auditor) bei der SQS, Schweiz. Vereinigung für Qualitäts- und Managementsysteme

Risikomanagement:

Risikomanager nach ONR 49003:2004

Toxikologie:

European registered Toxicologist, Schweiz. Berufsregister für Toxikologie

Unternehmensführung:

Langjährige Erfahrung als Geschäftsführer eines international tätigen KMU der Pharma-, Diagnostik- und Kosmetikbranche (u.a. Leiter Forschung und Entwicklung, Leiter Fabrikation und Leiter Qualitätsmanagement)

Besuchen Sie die Homepage: **www.jumeba.ch**

Wir informieren Sie gerne ausführlich über die einzelnen Angebote.

Weitere Bücher von Jürg Meier:

Das Standardwerk über medizinisch bedeutsame Gifttiere und ihre Gifte

752 Seiten, verschiedene Autoren

CRC Press, Boca Raton, 1995

$ 199.95

ISBN 0-8493-4489-1

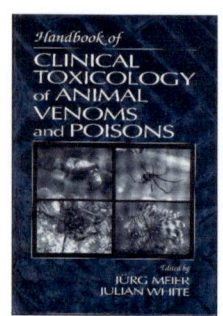

Das unterhaltsame Taschenbuch mit Anekdoten und Wissenswertem aus 30 Jahren Beschäftigung mit Gifttieren

Books on Demand, Norderstedt 2001

€ 17.00

ISBN 3-0344-0017-9

Erprobte Gesprächstechniken, die im Führungsalltag von Belang sind – ein Muss für jede Führungskraft

Gabal, Offenbach, 2004

€ 17.90

ISBN 3-89749-464-7

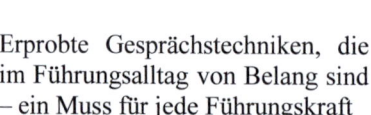

Qualitätsmanagement ist eine zu ernste Sache, als dass man sie einfach den Spezialisten überlassen darf. Dieses Buch enthält alles, was alle Führungskräfte zum Thema wissen müssen.

Books on Demand, Norderstedt 2006

€ 30.00

ISBN 978-3-8334-6325-9

Das 1x1 des Qualitätsmanagements – Führung und Qualität nach ISO 9001:2008 – inkl. Tipps für die Praxis.

Austrian Standards Plus, Wien 2009

€ 18.00

ISBN 978-3-85402-189-6

Dieses reich bebilderte Buch ver-mittelt grundlegendes Wissen zur Tiergartenbiologie für Fachleute und interessierte Laien

Haupt, Bern 2009

€ 38.50

ISBN 978-3-2580-7448-1